恰到好处

学校治理的中国智慧

范自军／著

中国文联出版社

图书在版编目（CIP）数据

恰到好处：学校治理的中国智慧 / 范自军著. —
北京：中国文联出版社，2023.5
ISBN 978-7-5190-5180-8

Ⅰ. ①恰… Ⅱ. ①范… Ⅲ. ①中学–学校管理–研究
–广东 Ⅳ. ①G637

中国国家版本馆CIP数据核字（2023）第092080号

著　　者　范自军
责任编辑　刘　旭
责任校对　秀点校对
装帧设计　刘贝贝　李　娜

出版发行　中国文联出版社有限公司
社　　址　北京市朝阳区农展馆南里10号　　邮编　100125
电　　话　010–85923025（发行部）　010–85923091（总编室）
经　　销　全国新华书店等
印　　刷　北京四海锦诚印刷技术有限公司

开　　本　710毫米 × 1000毫米　　1/16
印　　张　12.75
字　　数　127千字
版　　次　2023年5月第1版第1次印刷
定　　价　58.00元

PREFACE

序 言

如果把学校视为一个圆点，会发现其上下内外、左右前后都在与各种因素交织连接。上要贯彻落实党的教育方针，为党育人，为国育才，下要把立德树人、五育并举落实到具体每一个学生；学校内部有几百乃至几千师生员工，本身就是一个复杂的运作系统，外部要与地方政府、社区、家长、校友等建立关联，在政策、经费、编制、资源等方面获得支持。教师职业很神圣，教育事业很重要，学校往往被视为道德高尚、精神纯洁之地。但学校不是封闭的象牙塔，不是化外之地，而是国家庞大教育体系的最终端，也是复杂社会系统的一部分。学校治理需要精神和情怀，也要从思想和方法出发，深度介入社会活动，汇聚多方资源，学习并探索更为先进、更为务实的管理办法，才能让学校办学质量得以提升。不同的学校，所在地区有不同的地理区位特征、不同的经济形势和社会状态，学校有不同的历史传承，不同的教师结构和生源层次，所以学校发展过程中遇到的问题和凸显的矛盾也会不同，即便很多问题和矛盾是相同的，解决的办法和途径也会不同。大而化之的教育理论和管理理论都无法提供一个固有的、一成不变的、即拿即用的办法来套用。要想有效解决，都需要具体问题具体分析，辩证地、务实地寻找最适合本校的管理办法。

就拿学校内部管理来说，在整合各种资源以协调系统、调动师生方面，要有宽与严、收与放的考量；处理具体事务，推行教育措施，要有动与静、刚与柔、急与缓的拿捏。在管理逻辑上，校长应该抓大放小还是应该事无巨细地精细管理？在推行改革措施时，是应该自上而下地统一号令、统一行动，还是要自下而上地渐次蔓延，先抓典型再以点带面？对于教职员工和学生的管理，是以规章制度为纲，严格管理形成井然的秩序，还是通过塑造学校文化，给予师生宽松的环境，让师生自律自主地工作和学习？“没有分数，过不了今天；只有分数，赢不了明天”，在学生的培养方向上，是为了过得了今天而抓分数，还是要为了赢得明天而抓综合素养？这些矛盾可能对所有学校都是共性的，但解决办法却是因校而宜个性化的。

如何一校一策处理好这些关系，让每一个决策和选择都恰到好处？虽说没有唯一答案，没有现成的模式，也没有一成不变的套路，但我们可以去寻找深层次相融相通的思维和方法来应对、破解这些难题。

关于现代管理的理论研究层出不穷，都给我们很好的启发和借鉴。起源于西方的现代企业管理理论和模式，在过去的若干年对中国的学校管理有很大的冲击，对我们的学校管理水平提升也有帮助，但随着发展的深入，这种管理带来的问题却越来越多。比如过于刚性的企业人事管理，过于侧重绩效的激励机制，让学校的教育味儿变淡了，中国人固有的人情味儿变薄了，这就造成“旧的矛盾压下去，新的问题凸出来”。一方水土养一方人，一把钥匙开一把锁，中国的学校，是在中国大地上办教育，处理好学校上下内外的各种关系，实施各种教育教学措施和行为，解决各种矛盾和问题，从根本上还是需要用植根于中国文化的智慧去解决。所以我更愿意从中国文化层面去找寻学校治理智慧的根源。

何为中国智慧？这要从国民性格和中国文化传统说起。

中国文化有几个特征是人人皆知且时时处处都能感知到的，一个是“和文化”，一个是“家文化”，尤其是在“熟人社会”里呈现得更为明显。单就一个学校而言，学校的教职员工尽管来自五湖四海，但相对稳定少流动，学生尽管三年或六年一轮换，但长达几年的共处也让师生之间像家人一样了。所以学校是个典型的“熟人社会”，如果用“和文化”“家文化”来滋养师生，用传统文化中蕴含的智慧来治理学校，是不是会更加高效高质量呢？著名的万科物业一直是中国物业管理行业的领跑者，其企业价值观是：安心、参与、信任、共生，最大的特点是把住宅小区像家一样经营，而不是把业主当作员工去管理。门岗没有以安全为名把每一个天天进出的业主当陌生人去仔细盘查，而是把业主和临时来访的人员区别对待，让业主通过门岗时有回家的感觉，通过信任与业主共生，自然就减少了很多矛盾纠纷。家和万事兴，学校里面的每一个人身上都有这个文化基因，学校管理者和每一个师生员工在这方面都有天然的认同和需要，学校治理也应该顺应我们自己的文化，向着这个方向去努力。

现在学校的制度建设都比较完善，制度文化也逐渐深入人心，大家对制度管理也都觉得是理所当然，能自觉接受并遵守。但要在这上面继续强化以产出更多的管理效能，可能空间已经不大了，而且还有可能导致体系僵化，钳制人的内生动力和创造活力，滋生不少新的问题。目前制度建设的成果来之不易，应该继续坚持，同时在此基础上要发挥和文化、家文化力量，积极探索“熟人社会”的治理路径，作为制度管理的文化基础和必要补充。

古今中外对于社会治理的探索从未停止，其中儒家文化在几千年的中华文明演进过程中对中国人影响尤为深远。儒家文化，尤其是中庸思想已经深深扎根于中国人的心里，形成了自己的国民性格，凝结为扎根于中国文化，生长于中国大地上的中国智慧。生于斯，长于斯，中庸思想既是基于和文化、家文化的社会治理思想，又是形成和文化、家文化的思想力量，值得我们回头深入研究并灵活应用到学校治理中去。刚性的制度管理有助于建立良好的秩序，但常常也会让我们陷入“非此即彼”的二元选择困难当中，容易把事物的两极对立起来。“中庸”学说主张“执其两端，用其中于民”，强调矛盾对立的两极之间还有个“中”，为了避免事物向着“两端”极致发展，要用好“中”。这个“中”是指“适中”“中和”“中立而不倚”，“无过，无不及”，讲究恰如其分、恰到好处。儒家认为这才是事物的最佳、最理想状态，才是最优化选择。后人对中庸学说也曾有较大的误解，人们把中庸学说与矛盾调和论、折衷主义等同起来，被视为平庸、妥协、保守、圆滑、和稀泥、莫衷一是、模棱两可。但这并不是中庸思想的本意，反而恰恰是中庸所反对的无原则性。宗白华在《美学散步》里说：“中庸不是庸俗一流，并不是依违两可，苟且的折中，乃是一种不偏不倚的毅力；综合的意志，力求取法乎上，圆满地实现个性中一切而得和谐。”孔子还强调“时中”，也就是说，遵循原则性的同时，也要注意处理问题的灵活性，要灵活应用，创造性发展。要把握好“合适的度”，即因时、因地、因人变化加以衡量，动态辩证地做出最科学、最恰当的决策。孔子称为“通权达变”。这是制度管理基础上的更高级智慧，是和文化的内在需要，也是达到“和”的必要路径。

学校应该构建什么样的管理架构和组织形态才会更为高效地运作？塑造什么样的学校文化来激发师生的内生力和积极性？建设什么样的教育教学机制来提升育人效能？设计什么样的课程体系和育人活动来实现立德树人、五育并举？引导什么样的评价导向来建设和谐的师师、师生关系？本书从三水中学的办学实践为例，深入剖析为什么这么想，为什么这么做，在具体场域中如何“通权达变”，凝心聚力调动人，科学统筹整合物。

比如，学校都把教师评价工作放在很重要的位置，这是必要的，可以说怎么重视都不过分。但在重视的同时更要看教师评价的导向和结果的应用。如果一味地强化竞争，通过优胜劣汰的评价方式来推波助澜，教师评价就会陷入唯分数、唯帽子的窠臼。这样的教师评价就如同一把双刃利器，刺激教师激烈竞争的同时，也刺破了教师之间协同合作的合力场，教师的教育教学行为逐渐会异化为名利角逐的手段，脱离育人的本质和初心。如果把教师评价当作教育教学工作的自然延伸，评价是为了帮助教师自身发展进而有利于提升育人水平，而不是用“胡萝卜加大棒”模式把教师工具化，教师之间就会形成良好的合作竞争的“和”的状态，学校、教师、学生之间就会有“家”的氛围。这就需要校长能够把握好“合适的度”，“无过，无不及”。三水中学用“评议法”来实现教师评价，就取得了很好的效果。

再比如，校长要考虑如何构建适合本校的管理架构和组织形态。过于追求管理权威和上行下达的效力，固然会在事务上提升执行效率，但在教育教学专业上可能会抑制教师的自主度和创新活力；过于放手教师在教育教学领域的自由度，又有可能丧失对教育方向的把控和对团队合作的凝聚力。三水中学探索构建复合型组织架构，在行政管理领域实行矩阵管理模式，在行政事务领域实行垂直管理模式，在教育教学专业领域实行平面点状管理模式。因时、因事、因人变化加以衡量，既能有效把控，又能极大地调动各方面人的能动性。

我从事学校管理工作近二十年，经历了从稚嫩到成熟，从生硬到圆融成长历程。刚开始只是会接受指令，单纯做事完成任务，后来学会谋划做事，主动发现问题、解决问题，再到后来会有意识地用系统思维、辩证思维把人、事、物等因素综合考虑，现在逐渐认识到人是工作的核心要素，人的发展是事业的根本目的。学校的所有工作都应该围绕学生发展、教师发展来谋划、铺排，要让师生有成就感、幸福感，要为学生的幸福人生奠基。我不断学习，不断思考，努力让学校里面的每个“人”都人尽其才，舒畅自主地工作、学习，让每一项工作都科学合理地落实，产生最大的效能。当看到学校欣欣向荣、蓬勃发展，老师们幸福地奋斗，学生自信阳光、活力四射地成长，我也有满满的幸福感和自豪感。于是就有了这样的念头：把这些年学校管理中的所做、所想、所悟记录下来，这些文字，既是我从教和管理的经验总结，也是我对学校治理的反思和凝练，如果能与同行同道们分享并产生共鸣，那将是极为愉悦的。

中国文化、中国智慧博大精深，本书无意也无力去对此做系统研究，而是限于从方法论的角度，尝试用中国智慧去解析现代学校治理，去解决现代学校呈现的矛盾。一校一情一治理，具体问题具体分析，希望我的这些文字能够给教育同行提供一种视角和思维方式，抛砖引玉，激发大家更加智慧地去解决矛盾，治理学校。

范自军

2022年6月

CONTENTS

目录

上下融通

收放自如

内外兼修

动静结合

刚柔相济

附 录

上下融通

平面点状管理：优化中小学学校组织结构的思考与探索

同一时代的学校有相同教育使命和责任，也因区域不同、层次不同、生源结构不同而有不同的发展路径。为了充分发挥办学自主权，最大限度激发办学活力，提升办学质量，推动特色发展，积极探索适合本校的组织结构变革是战略规划，是顶层设计，也是必经之路。学校是以知识工作者为主体的组织，科学的、适宜的组织结构会更加有利于激发师生内生力，有利于充分调动并有机整合校内外各种资源，促进学校高效运作、高质量发展。

一、简述学校组织架构的变革演进

1. 金字塔形的垂直管理

依靠职位权力和资源控制自上而下地管理，权责分明，决策迅速，执行坚决。但对于规模较大的学校，这种组织形态的局限性就比较明显。一是层级太多，上下传递路径远，决策与落实之间偏差大，导致效率低下；二是僵化刻板，不利于调动教师个体的主观能动性和创造性。

2. 扁平化管理

相对于垂直管理，扁平化管理只是抽走了部分中间层级，压缩了金字塔的高度，并没有根本改变组织形态，没有实现深层次逻辑变革，弊端依然存在，只是减弱而已。

3. 矩阵管理

是规模庞大、结构复杂的企业中应用比较广泛的组织形态。简言之，就是企业里有两个系统，一个是日常系统，一个专业系统，基层工作单位或者个人需要向两个系统的上级汇报，接受两个上级领导和评价。由垂直管理中自上而下的单一领导和评价、自下而上的单一汇报制度，改变为两条线。学校里也存在这种关系架构，各年级组既需要在业务上向各副校长汇报，又要向主管年级组的副校长汇报。教学、德育、总务为线，年级组为块，线、块纵横之间，形成矩阵管理。

4. 三引擎模型

新的问题又出现了。学校还有一些临时性、阶段性工作，如研究解决某一个主题的工作，某一个大型活动，迎检评估工作等，在企业，类似工作被称为项目。这些工作可能涉及多个线、块，校长往往会指派某一位副校长或主任牵头负责统筹，即为项目负责人。那么学校组织就存在三种关系：单条线上的垂直管理（二元管理），线、块之间的矩阵管理，主题工作的项目管理。杨少杰在《进化：组织形态管理》一书中归纳为三引擎模型，见图1。

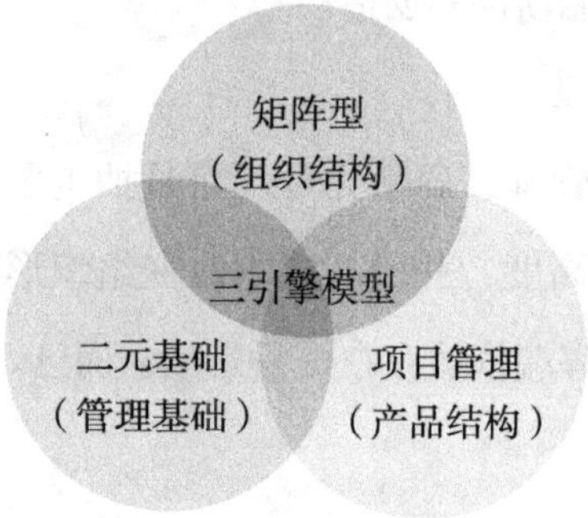

图1

从以上简单梳理来看，学校的组织结构变革演进大致如此。如果把学校工作做大的分类，可分为行政事务类、教育教学管理类和教育教学专业类。行政事务类包括规范管理和保障服务，比如：人事管理、会议制度、校园安全、后勤保障等，直接通过垂直管理会更高效快捷。教育教学管理类，包括如何落实党的教育方针、党风廉政建设、师德师风教育与管理、学生行为规范管理与思想政治教育等，矩阵管理、三引擎模型比较适合这一类架构交错、层级复杂的管理。除了这两类工作之外，还有一个广阔的空间就是教育教学专业类，是指德、智、体、美、劳五育融通，树立社会主义核心价值观，培养学生的核心素养，提升教育教学质量。教育教学专业类工作不能简单依靠上下级管理来实施，要通过教师之间的专业合作以及教师个体的自主空间去创造性工作。在这一个领域里，上述几种组织结构都不足以充分调动教师的积极性和能动性，都不能充分发挥教师的专业能力。在信息技术加速变革、教育理念推陈出新、受教育者需求日益多元而教育过程充满诸多不确定性的当下，学校仍想通过对教师角色及其行动路径的严密控制来实现组织目标业已困难重重，教师凭借其专业能力和对教育过程中显现的不确定性因素的把控调节，挣脱组织的无形规约，为其教学实践博得自由选择的空间。由此看，上述四种模型的变革演进，都只是在管理逻辑和路径上做优化变革，并没有触及学校工作的核心领域。

二、平面点状管理的实践探索

笔者在三水中学提出平面点状管理结构，就是为了解决这个问题。

平面点状管理结构，受启发于去中心化思想。去中心化是相对于中心化而言的。中心化管理模式，是我们熟悉的金字塔结构的垂直管理、扁平化管理、矩阵管理以及三引擎模型，大家服从权力中心的指示，一层层去落实。而去中心化管理模式是放射线结构，群体围绕灵魂人物聚集。通过灵魂人物的言行去影响整个群体的文化和价值观，而不是直接管理。结构变化见图2。

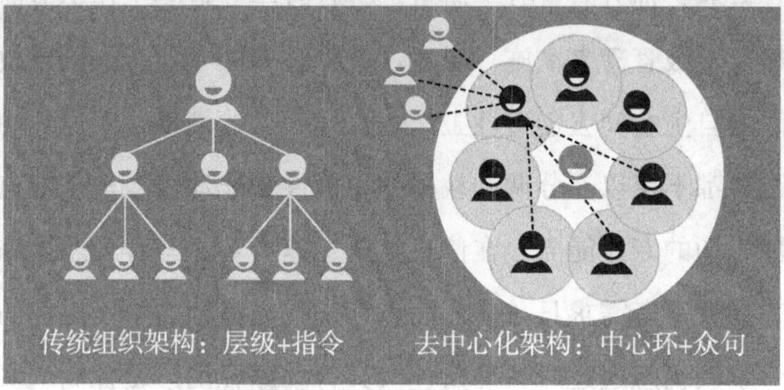

图2

去中心化模式中，系统分布有众多节点，每个节点都具有高度自治的特征。节点之间彼此可以自由连接，形成新的连接单元。任何一个节点都可能成为阶段性的中心，但不具备强制性的中心控制功能。这是一种开放式、扁平化、平等性的系统结构。中心化是中心决定节点，节点必须依赖中心，节点离开了中心就无法生存。去中心化，任何人都是一个节点，任何人也都可以成为一个中心。中心化和去中心化，都有中心，只是中心和个体的关系不同，确认中心的方式不同，由中心化到去中心化的关系变化见图3。

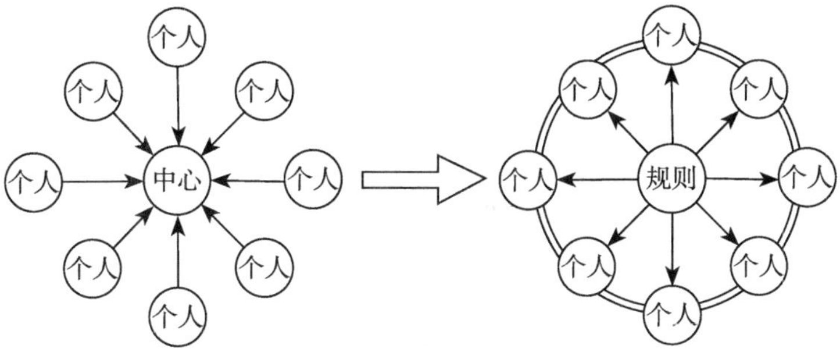

图3

去中心化模型中，个体之间的关系以及组织形态，见图4。

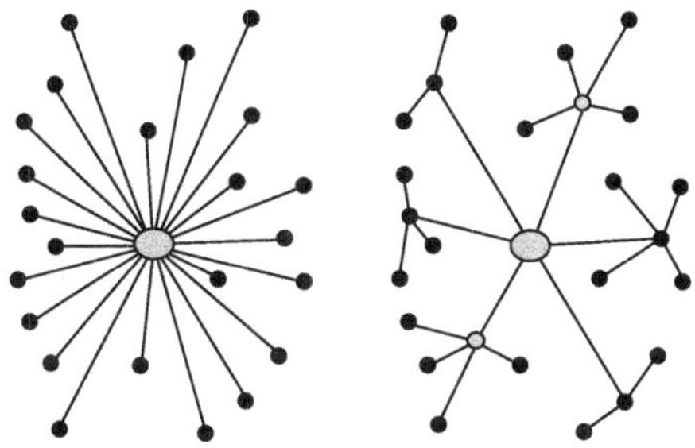

A　　B

图4

图4A是组织形态中的一个局部，图4B是图4A中的任一个节点的放大图，整体来描述，就类似于金刚石的结构图，在组织内有限延伸，见图5。

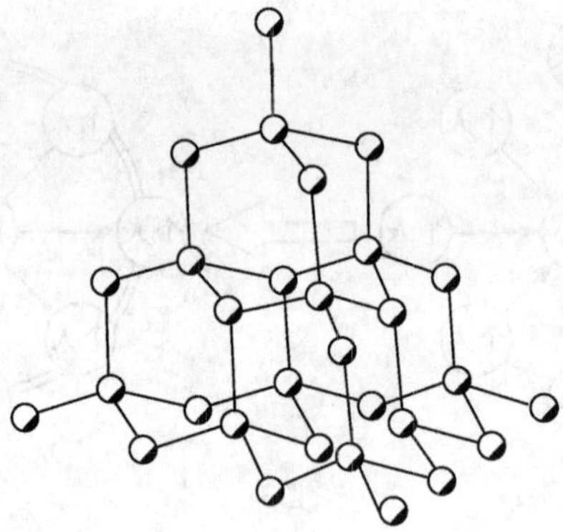

图5

在学校的教育教学专业类工作领域内，中心节点通常有三类。

1. 最重要的中心节点是班主任和备课组长

班主任是班级内各学科教师的中心，备课组长是年级内同学科教师的中心。班主任和备课组长尽管是学校任命，但都不是依赖权力组织工作、影响他人，而是依赖专业能力和影响力。在学校常常出现这样的现象：有的班主任或备课组长感叹手中无权，指挥不动人，期望学校赋权。也有的班主任或备课组长并不想要什么权力，依靠个人积极沟通、统筹，把团队凝聚得很好。显然前者还是中心化管理观念，在专业团队里必然碰壁，之所以感叹无权，就是工作遇到了阻力之后循着固有思维寻求的帮助。即便学校真的赋权给他，可能会“指挥得动人”，但团队貌合神离，“凝聚不了人”。后者已经具有去中心化管理的观念，凭借自己的专业能力做了团队的灵魂人物，成为优秀的中心节点。

2. 项目负责人成为中心节点

比如课题主持人或某一个临时事项的牵头人。还有，没有任何学校任命职务的教师，因为某个范畴的专业能力出众，会自动吸引这个范畴的教师围绕在周围，为解决某个问题、攻克某个难题而形成关系网，这个教师就是中心节点。

3. 需求型中心节点

也有这种情况，没有职务的普通教师，为解决自己工作中的问题，主动寻求周围资源的帮助，主动联系沟通，建立起需求关系网，也成为了中心节点。

这些关系网里，没有上下层，大家都处于同一个平面，因为任务、项目而构成，主动积极的人、有较为突出专业能力的人成为中心节点。不难看出，这些小范围的关系网就是新型的组织形态，是自发形成，因事因人形成，随着问题解决、事项结束而结束。这种组织形态的力量往往比学校正式任命而形成的关系网更为务实高效。我称之为平面点状结构。

我对在学校形成平面点状结构有着美好的期望，期望学校每一位教师，无论有无职务、职务高低，在教育教学专业领域，大家都是平等的，即便是校长、名师、学术权威，都是处于同一平面。在这个领域里每一个人都是一个点，点与点之间看似无关联，呈现无组织的混乱状态，但实际上因问题、因事项而自发形成了潜在的、有序的关系网。他们之间平等对话，消除话语霸权，不因行政职务、学术地位而影响专业研究，不影响信息分析和决策，让专业真正回归到专业。他们之间的互动、联动更有生机、更为高效。常有人说，校长是火车头，火车跑得快，全凭车头带。这是中心化理念下的金字塔形管理中形成的思维，以此说，只有校长输出动力，其他人都是被拖着步调一致地前进。我期望在平面点状结构中，每一个点都是一个小小的发动机，所有的发动机都在同频共振地轰鸣，这个学校就是一片沸腾状态，其创造力和主观能动力是惊人的。

三、实现平面点状管理的步骤

要想在学校建立起平面点状结构，并非易事，不可能一蹴而就，也不是一日之功。其可规划为三步走。

1. 清晰理念，厘清界限，分类管理

去中心化管理是中心化管理的延伸，并没有谁更好的问题，也不是非此即彼。在前文中，我把学校工作分为三大类：行政事务类、教育教学管理类和教育教学专业类，前两类要用中心化管理思想，构建三引擎模型。在教育教学专业类工作中要用去中心化思想，构建平面点状管理模式，允许并鼓励去中心化的节点承担更多的责任独自去管理。在学校，中心化和去中心化同时并存，相互补充。对学校管理层采取中心化管理，对专业教师采取去中心化管理，二者之间保持良好的平衡。

2. 尽可能压平金字塔结构

即便是在前两类工作中采取层级管理，也要尽可能压平，不要层级太多，不要等级森严。尽管把工作分为三类，但学校工作纷繁复杂，很难把三类工作完全界定切割得清清楚楚，很多工作是交互混杂在一起的。不可能一边是等级森严的层级中心化管理，一边是温润如玉的去中心化管理，正如不可能一边是冰水，一边是沸水。

3. 尽可能摊平平面点状管理结构

这里有两个问题：一是如何在教育教学专业领域去行政化、去权威化？普通教师一方面渴望专业自由，一方面又极为依赖行政权力和学术权威。去中心化，阻力未必来自权力和权威不愿意放手，而是来自普通教师不愿意承担、不敢承担。二是如何让平面点状结构中的每个点保有持续的热情和动力？去中心化是把双刃剑，如果每个点都撑起自己的那片天，这种组织形态就会迸发巨大的能量；这些点不愿意动起来，趁机躺平，反而群龙无首，就是一盘散沙。我在学校采取“目标建设+任务驱动+自主空间+科学评价”的模式，用目标和任务牵引，用评价来考核，给教师留足自主发挥的空间，倡导“我的地盘我做主，我的业绩我负责”，以实现尽可能摊平平面点状管理结构。

学校组织结构与教师关系的解构与重塑不等于简单的“去结构化”，重要的是观照好学校结构的控制倾向与教师专业自主之间的现实鸿沟。那么，在平面点状结构中，校长的作用依然非常重要，至少体现在三个方面：一是有意识地构建这个结构，并维护这个结构的稳定和繁荣；二是输出价值观，对学校的工作做出价值判断，让若干个小发动机共振到同一个频率上；三是加强培训和队伍建设，教师个体能力水平越高，单兵作战能力越强，点与点之间的联动也会越高效。

学校无论采取什么组织形态和管理架构，最终都应该指向高质量育人。基础教育的育人工作，是极具实践性的，“让听得到枪炮声的人指挥枪炮”，实践一线的教师才是听得到枪炮声的人。学校里的每一个人要能主动积极作为，整合各种教育资源，深入学生中去，动态地掌握学情，摸清教育规律，遵循教育规律，在教育教学实践中探索最佳的路径和方式方法，更为高效、更为务实地实现育人目标。构建科学合理的组织结构正是为了让学校里的每一个人成为这样的人。

参考文献

杨烁星，王国东. 学校组织结构与教师自由余地关系的反思与重塑[J]. 教学与管理，2021（30）.

评议法：打通教师评价的最后一公里

熟悉学校运作规律和教师特点的人都知道，教师面对学生，有天然的工作积极性和内驱力，但往往又把激发教师工作积极性作为学校管理的重点和难点。教师天然的积极性哪去了？不少学校常常出现这样的怪现象：一方面挖空心思采取各种措施去激发教师的积极性，一方面却因为学校主导的不公平、不透明、不科学的评价挫伤、打击教师的积极性。这样的学校常常会陷入双手互搏的怪圈，校长和教师都在怪圈里别扭着。其根源还是在评价，破题的钥匙也是评价。都知道评价的重要性，也都能制定出多元完善的评价体系和指标，但如何设计和操作才能把评价真正落地，才能把评价的重要作用发挥出来？这是个大课题。评价落地，是评价工作的最后一公里，只有打通这个“肠梗阻”，才算真正实现了科学评价。

一、教师评价的分类

教师评价，从评价主体上分，大致有三类：一是学生评，学生心目中的好老师，对学生影响大、帮助大的好老师，让学生佩服崇敬的好老师，让学生感动感激的好老师；二是业界评，教学能手，教学专家，教学名师，教育名家等等；三是官方评，学校或教育行政部门或政府评价的优秀教师，优秀班主任、先进工作者等荣誉称号。教师最欣慰的是来自学生的好评，学生的评价是最本真，最具有温度的；最自豪的是来自业界的评价，这是对专业水平的认可；最需要的是来自官方的评价，这是与教师的职称职务、薪酬绩效关联的。最需要的，往往是最计较的。从评价内容上分，也有三类：一是荣誉类，各类评优评先；二是专业类，名师遴选、职称晋升等；三是业绩类，根据教育教学业绩进行绩效考核。

二、教师评价常见实施办法的辨析

就拿荣誉类的评优评先来说吧。一般要先制定完善的评价指标体系作为评价的依据，再确定操作办法和细则让评价落地。操作办法和细则要比评价指标体系复杂得多，它是指标体系中的表征信息与现实中的教师个体连接起来的中间环节，是转化器。一方面要把指标体系的要求转化为可操作的措施，一方面还要把指标体系未能涵盖但却很现实很重要的因素纳入进去。比如：多项荣誉中，获评教师的内心需求与所获荣誉项目是否匹配？优秀的教师，可否年年获评？多项荣誉叠加在同一人身上是否合适？同等优秀的情况下，克服家庭或个人特殊困难而工作的教师是否要优先考虑？这些问题在完善的评价指标体系里解决不了，但在实际操作中却是不可回避的。为了让评价落地，要高度重视并深入研究操作办法和细则，这是教师评价工作的最后一公里。在学校对教师评价工作实际中，通常有两种做法，一种是量化法，一种是票选法。

1. 量化法

量化法是制定出一个完善的、细致的方案，把教师的德能勤绩分解成若干个小项目，根据权重大小分别赋以不同分值，统计总分后排序，前若干名获评。这种方法的关键就在于方案的制定了，德能勤绩如何分解成可视化、可量化的项目？每个项目都需要什么材料佐证？每个小项目的权重如何考量？如何赋分才更符合实际？如果能很好地解决上述问题，那么量化法倒不失为好方法。但遗憾的是，精心制定的方案，认真评分排序做出的评优结果，往往与实际有较大出入，采取这种方法的学校常常很苦恼，明明科学量化，为什么老师总有怨言？精细量化，是极致的科学主义。倾向于采用这种方法，是想通过评选前制定规则、评选中执行规则，减少人为主观介入，通过量化的科学性、客观性来让老师们心服口服，不服也挑不出理来。没曾想，“科学”也会出问题。为什么呢？要先思考：教师评价，到底评价的是教师，还是教师的工作？这并不是一回事。评价教师的工作，这是对事进行评价，可以科学量化；评价教师，这是对人的评价，人能科学量化吗？毋庸置疑，我们评价的是教师，是对人的评价，只不过是通过教师的工作来实现对教师的评价。那么科学量化对教师工作的评价，并不能完全等价转化为或者说替代对教师的评价。比如教师的师德、爱心，工作的品质、效率，团队合作、集体感，还有前面所述的参考因素等等都不在量化项目之列，但却都是对人的评价的必要要素。由此看，量化的项目无论多全面，也只是在评价教师的一部分，所以难免会有错位偏差。而且量化法还可能会导致两个不好的倾向：出现独狼式教师和迎合量化项目刻意钻营的教师。

2. 票选法

票选法干脆彻底跳出量化的桎梏，直接让全校范围或者年级组或者学科组教师投票，按得票数排序，前若干名获评。票选的依据大抵是所谓的“民主”“去行政化，让教师自己决定”“群众的眼睛是雪亮的”。但实际操作中，发现群众的“民主”竟然靠不住。原因在于群众手上掌握的信息不全面、不准确，一般都是在简单述职之后凭印象投票。而且还滋生了不良风气：团团伙伙、拉帮结派的人，性格活泼开朗、活跃度高的人，公然拉票索票的人，善于哭穷卖惨的人等等容易获评，埋头苦干的老黄牛式的人，性格温顺、不争不抢的人等等容易被忽视。票选法的导向不是指向德能勤绩，而是人际关系。票选的结果如果要和实际吻合度高，需要两个基础：一是投票的老师要对每一个人的德能勤绩都充分了解，这几乎不可能，特别对于体量大的学校；二是学校风清气正，每一位教师都能完全凭公心投票，不夹带任何私心或个人感情，这也几乎不可能，没有机制保障，风清气正就是清谈，反过来，票选机制恰恰会破坏风气。

这两种方法，管理者都希望把自己脱身于外，把评价的主体责任交付于他人。量化法是交付于规则，票选法是交付于群众。量化法得出不当结果后，可以理直气壮地告知教师：规则如此；票选法得出不当结果后，可以讳莫如深地说：民意如此。受到不公正评价的教师又受到二次伤害。管理者应该主动承担起评价的主体责任，交付出去的是责任，收获的是重重矛盾，破坏的是学校生态。

应该说，规则和民意都有其合理的一面，也都能把一部分优秀者评价出来，但两个方法都太过倾斜一个极端了，量化太过精细，票选太过模糊，难免顾此失彼，有失偏颇。规则靠不住，民意靠不住，还有什么办法可以让评价更接近真相？

三、不确定原理的借鉴思考

20世纪初，科学家们尽力去搞清电子的古怪行为。其中最核心的问题是电子有时表现得像一个粒子，而有时又表现得像一种波。面对看似不可能的双重性质，各种大胆的观点和假设层出不穷。到了1927年，海森堡提出“不确定性原理”。简单来说就是我们可以测出电子的运动速度，也可以测出电子在某个既定时刻的具体位置，但是我们却无法同时准确测出速度和位置。越想测量微观粒子的位置精确度，就越要用波长短的电磁波去探测，而波长越短，频率就越大，动量就越大，自然对探测对象的扰动就越大；越想更精确地测量粒子的位置，其粒子的动量就越不精确。当你观察一个状态时，另一个状态就像消失了一样，你越精确地观察一种状态，另一种状态就越模糊！

不确定性原理给人们的思想带来了巨大的震撼。人们已经习惯了牛顿经典物理的世界观，简单地说，就是一切都是确定的，位置、速度等等都可以精确测定。不确定性原理影响了我们对宇宙的认识。有人习惯了决定论，觉得这样更坦然。有人并不喜欢决定论，觉得这样的世界更丰富多彩。

教师评价也是如此，人是动态变化的，也是多面的。如果希望通过评价把全体教师做精确的高低排序，分出三六九等，并把这个结果视为评价的真相，那么对教师的评价就不必致力于还原“真相”，或者说本来就没有我们期望的真相。正如玻尔所说：单单讨论电子的本来面目是没有意义的，电子是粒子也是波，每次我们观察它时，它只会展现出其中的一面。我们应该关心的，是“如何”去观察它，而不是关心它“本来”是什么。

四、评议法：打通教师评价的最后一公里

在三水中学，我们尝试一种不同于量化法和票选法的评价方式，称之为评议法，特点是：

1. 评价主体立体多元

成立学校考评小组，由校领导、年级主任、教学处和德育处主任、工会代表、教师代表若干名组成。在评议过程中，每个成员都具有平等的评议权，但职能各有侧重。书记、校长整体把控，最后拍板，副校长侧重于对所属部门工作相关联的教师评价做统筹调配和具体推荐，处室主任侧重于对教师工作情况的客观描述和评价，工会代表和教师代表侧重于民意反馈和民主监督。多元主体可以保障既有评价的能力，又有评价的公正。

2. 评价依据全息多维

每个考评小组成员手上都有各年级组、各处室提供的本年度每位教师较为完整的资料。资料包括教师的工作量、教育教学业绩、教科研成果、学生评教、学情调查反馈、学科组投票结果（仅代表团结合作）、过往三年评优评先结果等。这些资料涵盖了教师在本年度工作的全部相关信息，通过全息观察，做360° 环评，不唯分数论，也不凭支离破碎的信息和印象。确保充分了解、科学评判。

3. 评议规则民主集中

评议规则是：先由各年级组根据相关评优项目的额数推荐人选，并说明推荐理由，再由其他成员根据手上的资料进行核实并讨论，书记、校长最后发言表态。通过评议规则来确保评议程序的科学公正，既民主又集中，让管理者尤其是校长主动担负起评价工作的主体责任，不置之度外、袖手旁观，也避免了校长一言堂、主观好恶的影响。这种评议规则导致时间成本很大，但可以让每一位教师的情况充分地“晒”出来，进行细致的比对。欲速则不达，用评议过程的“低效率”换取评议结果的“高效益”，对于实现评价的价值导向是值得的。

4. 评价导向以人为本

教师评价是通过工作等因素来评价人而不是评价工作本身，既然是对人的评价，就要尊重人性特点，遵循人的发展规律。教师也是发展中的人，教师的业务水平和工作状态是动态变化的，其工作状态与其工作环境、家庭状况、心理建设等密切相关。评价的根本目的，一是引导教师向着学校发展的方向、向着学生成长需要的方向积极工作，二是为了帮助教师个人发展本身。马克思认为，人创造性地满足自己的需求，这才是人真正的本质特性，而不是工具化存在。所以，通过评价帮助教师个人发展比学校发展更重要。那么评价就不是为了把教师分出三六九等而有利于学校驾驭管控教师，而是为了成就教师，进而成就学校。既然如此，评价就应该把影响教师工作状态的背后关联因素都加进去，才能构成完整的评价体系。而这些背后的关联因素无法量化，评议法就可以很好地弥补这一点，评议法真正的价值也在于此。在评价中我们根据综合表现把教师分为突出优秀者、相对优秀者、鼓励优秀者，不同类别给予不同的评价侧重。突出优秀者是业绩突出、各方面表现优秀的人，他们当然应该当选，荣誉可以叠加，也可以多年连续获评。相对优秀者是业绩较好、工作表现较好或者某些方面存在不足的人。对于他们，要兼顾考虑其他因素的平衡，比如综合考评相当的两个人，近三年受评获奖尽量不重复；工作难度值更大的、克服自身家庭或身体健康等困难更多的优先获评。鼓励优秀者是实际业绩一般或较好，但近一年工作表现相较于过往有较为明显进步的人。对于他们要更看重其进步，看增值，要及时用正向评价去鼓励其向好的转变。对教师的评价既要看贡献度，又要看增长值；既要考虑客观事实，又要考虑主观激励效应；既要静态考察当前的状况，又要动态考量其连续多年的变化。

这种评价方法没有受限于精确量化的极致科学主义，也没有陷入票选法的复杂人际关系旋涡，互补的兼顾到二者。这是对教师多维度、全过程、立体式、全景式的考查，不仅能够评价外显的业绩和表现，而且能够评价内隐的、难以用符号表征的内在因素；不仅能够从结果的角度进行评价，而且能够从过程角度进行评价；不仅能够从单向度的考试测验角度进行评价，而且能够从多向度的综合素质评价角度进行评价。教师评价是一项重要且复杂的工作，具有“不确定性”，具有教师评价的“不确定性”特点的还有教师招聘、选人用人、学生评价等。在实际评价工作中逐渐形成“唯论文、唯帽子、唯职称、唯学历、唯奖项”的顽瘴痼疾，严重影响了评价的正面导向。之所以这些工作领域会造成僵化的“五唯”，是因为这些评价都是在用分数、文凭、论文、帽子等这些外显且可精确量化的指标去评价动态的、有鲜活生命性的人，必然会让评价失去弹性和活力而陷入“五唯”的困局。在评价过程中这样做固然可以降低道德风险和纪律风险，而过分追求程序的安全性，也许在一定程度上就会失去结果的合理性，这是“五唯”的矛盾纠结所在。简单粗线条的“五唯”看似依据客观条件，失去的却是客观评判，失位的是责任和担当。我们要正视到对人的评价的“不确定性”，以长远的眼光、开阔的视野、宏大的格局进行评价，在尊重客观事实的基础上，通过集体评议勇敢地加入主观评判（这主观评判不是来自校长一个人，而是来自校长带领下的多元主体组成的集体，并通过评议规则和评价导向来给出的），让评价结果更符合人的生命性，更满足评价主体的价值需求。只有这样，才能打通教育评价的最后一公里，把科学的评价体系、评价机制真正落地；只有这样，才能克服唯论文、唯帽子、唯职称、唯学历、唯奖项的顽瘴痼疾。

参考文献

储常连. 立“五维”破“五唯”推进教育评价现代化［J］. 中国教育报，2020（6）.

校园里，谁是最重要的人

若干年前，我还在南海区桂城中学担任副校长时，有位政府主管教育的领导问我：一所学校要发展，校长固然重要，除了校长之外，你觉得什么因素最重要？我已经不记得当时的具体回答，但还清晰地记得当时大脑里翻江倒海，一下子涌现出很多词：理念、管理、凝聚力、学校文化、拼搏精神、生源、教师、资源、经费、政府支持……也清晰地记得我当时把几个词糅合在一起说了一个平庸的答案，没有精准地回答出这个“最”。这么多年这个问题一直盘旋在我大脑里，我多次尝试着从教育管理的角度去理论推理，但答案都不理想。在近几年办学实践中，我逐渐有了清晰的、坚定的答案：对于学校发展来说，人是最重要的因素！

有人说，决定战争胜败的关键因素是人，而不是武器。理念、精神、文化是人在工作实践中提炼、体现出来的，资源是人去争取并整合应用的。没有主观能动的人，没有积极创造的人，这些或虚或实的因素，要么停留在口号上，要么库存在仓库里，不会为人所用，也就不会发挥作用产生效益。这个答案看似不惊奇，也不惊艳，但作为校长，能深刻地悟出其中的逻辑并践行之，也并非易事。

学校里的人，包括校长、管理团队、教师团队、后勤保障团队，还有学生、家长。校长之重要自不必说，“一个好校长就是一所好学校”“校长是学校的灵魂”。校长重要之处也在于此。校长重要，不是重要在位高权重，不是重要在掌控资源，校长要警惕滑向用权力解决问题，去管人驭人。校长的重要应体现在调动和指导管理团队、行政后勤团队的工作积极性，促使他们更好地为教师、学生服务；体现在激发教师的工作积极性，帮助教师专业发展，促使他们更好地为学生服务；体现在调动整合一切资源，规划并构建科学的课程体系、育人环境，激发学生的学习积极性，更好地为学生发展服务。

那校园里除了校长之外，谁是最重要的人？曾经一度引发教育界热烈讨论学生第一还是教师第一。这其实是一个伪命题，因为这个命题的逻辑起点错了，教师和学生并不在同一个逻辑分类上作比较，当然就不会有一个非此即彼的选择。校园里，对于参与工作的人群，应该是教师最重要，教师第一。不管是校长、管理团队，还是行政后勤保障团队，都是为教师服务的；对于整个学校办学宗旨和育人功能来说，应该是学生最重要，学生第一。校长、管理团队、教师团队、行政后勤保障团队都是为学生成长和发展服务的。也就是说，要树立教师第一的管理观和学生第一的育人观，学校上下都要明确且坚定。

教师是学校最为重要的人，教师第一，是因为教师是学校发展的第一资源。教师的重要性体现在最直接帮助、指导学生发展；体现在教师的工作是融专业、爱心、责任心为一体；体现在学生的成长发展期不可逆，教师的工作能力、态度直接关乎学生成长发展水平。如何建设教师队伍，有几个观点值得注意：

（1）教师第一，不等于名师第一。不否认名师在引领和辐射上的重要性，但名师之名不一定会必然吸引普通教师追随，也不一定必然带动教师群体的工作积极性，名师也不能直接代替其他教师的教书育人工作。每一位普通教师都很重要，所以，教师队伍建设不能异化为名师队伍建设，教师队伍建设的好坏，也不能以名师数量和比例来简单衡量，更遑论名师之名是否名副其实，名师之名是否能由学科专业能力转化为育人能力。

（2）引进名师也不能当作队伍建设的主流工作，不能期待引进人才来一劳永逸、一蹴而就地解决队伍建设问题。如果引进的名师与学校文化不符，或者评价过于侧重，打破评价与实际业绩正相关的平衡，还会适得其反，鲶鱼效应也不都是正向效应，橘生于南则为橘，橘生于北则为枳的故事常见。所以，把教师队伍建设寄托于引进名师，把引进人才视为重视人才，可能是取巧的做法。

（3）教师队伍建设，教师业务培训，教师专业发展都应该面向全体教师，针对每一位教师，扎实地做好全员队伍建设。

（4）教师队伍建设的方向最终要指向学生培养。大力推进教师发展，其根本目的是为了给学生提供更有质量的教育。教师发展不单单是为了教师自身成名成家，任何脱离育人功能的成名成家都会变成自娱自乐，教师是学生发展的重要资源。

学生是学校最重要的人，学生第一，这是由学校的宗旨和教育的意义决定的。衡量学校办学质量的标准和评估教师发展的意义，都在于学生发展，否则将是无水之源、无本之木。要注意两个不好的倾向：两个方向相反的极端。

（1）把服务行业的“顾客就是上帝”服务理念迁移到教育里面。学生第一，为学生服务，绝不是把学生当上帝，为学生提供殷勤备至的生活服务。这个现象在部分民办学校较为明显地存在，高收费，本来是要提供高质量的教育服务，但“看在钱的份儿上”，把教育服务异化为为顾客服务，把孩子宠溺成了“小皇帝”。学校、教师与学生之间不是商家与顾客之间服务购买的合约关系，而是教育关系，学校以课程为“产品”提供教育服务，其中首先要体现国家意志和社会责任，贯彻党的教育方针，落实国家教育功能，其次是传道授业解惑等专业育人。这个过程要以教育管理为保障，不能一味地迎合甚至讨好学生及家长的需求。

（2）把学生工具化。学校发展和教师发展是以培养学生为根本目的，而不是把学生当作工具，作为学校发展和教师发展的佐证依据。违背教育规律办学育人的种种极端做法，就是把学生工具化的功利思想催生出来的。分数、升学率固然重要，是培养学生发展的一个方面，但这只是个阶段结果，培养学生发展既包括育人结果也包括育人过程，学生在学校学习也是其人生很重要的阶段。不顾过程只唯结果是不完整的教育，不择手段地过度追求阶段结果就会忽视全面育人，忽视学生成长过程的心理建设、性格培育、爱好特长等。

校园里的精益管理

精益生产（Lean Production），是美国麻省理工学院的研究小组在对日本丰田汽车公司的生产管理方式进行调查研究之后对这种生产方式所赋予的名称。“精益”就是要以最小的投入，取得最大的产出，并用最快的速度设计生产出来，以最低的成本、合理的价格在市场上销售，以明显的竞争优势，全面、灵活、优质、丰富的花色品种为用户提供满意的服务，把成果最终落实到经济效益上。后来研究者又提炼出精益思想，涵盖到精益生产之外的精益管理、精益服务等领域。有意思的是，英文选择lean这个词，瘦且健壮的，没有多余脂肪的瘦，而不是skinny，皮包骨头的病态的瘦，从其中可领会到精益的意蕴。

学校不是企业，不是工厂。但校园里也有几千名学生，几百名教师、员工，几十门课程，既要确保几千人的食宿住行安全，教育教学活动顺畅运作，还要力争有更高的教育教学质量。学校也是一个系统，一个庞大复杂的系统。尽管有别于企业、工厂，但作为系统，都有相通的内在规律。精益思想在学校管理中也一样可以借鉴。

对于教育，无论用怎样云淡风轻、浪漫情怀的语句来描述，都无法否认当今教育竞争之激烈。学校的教育教学质量是学生发展的需求、家长育儿的需求，乃至地方区域引才引人、留才留人的需求。学生成长发展的竞争、家庭的竞争、地方区域的竞争，必然倒逼学校之间的竞争、区域教育之间的激烈竞争。努力提升学校教育教学质量，既是我们的教育情怀和事业追求，也是我们的教育使命和社会责任。“春蚕到死丝方尽，蜡炬成灰泪始干”，常用来讴歌教师的无私奉献精神，经久流传，脍炙人口，成了教师高尚道德品质的最生动写照。但放在追求科学、以人为本的现代管理思维里，这种近乎惨烈的工作方式，并不值得推崇。

高收益，就必然要有高投入，“天道酬勤”“一分耕耘，一分收获”，都生动地描述了付出与收获的关系。高投入常常意味着会高消耗，或者说为了高收益，在精神力量的感召下，消耗高低似乎都不是考量的因素，“春蚕”“蜡炬”成了讴歌的形象，而不是尽量回避的悲剧。作为学校发展的带头人，校长既要团结大家为追求更好的教育教学质量而奋斗，还要统筹教师、员工、学生的时间和精力付出，兼顾身心健康，实现可持续发展。不能一味地号召大家为了提升质量而无私奉献，为了业绩而无节制地透支师生员工的精力和健康。以师生身心高消耗为代价的粗放式管理已不适合时代要求，这种粗放式管理是管理思维的懒惰表现，是急功近利的功名思想在作祟。“双减”政策的导向就是要遏制这种高消耗的态势，科学地提升教育教学质量。如何才能做到高投入低消耗，鱼和熊掌兼得呢？精益管理或许是解锁的钥匙。校长应该学习精益管理，领悟精益思想。

十几年前，我刚刚走上行政管理岗位，开始用管理的思维对待教育教学工作，在过程中很多事情引发我的思考。当时的校长有个工作习惯，很喜欢动辄全体行政一起行动，去落实、去检查、去观摩某项工作。每年高考考点工作准备是件大事，高考前校长总是会率领全体行政十几个人，浩浩荡荡地把校园里所有与高考考点相关的场室、设备检查一遍。跟在庞大的队伍后面，我就在想有没有必要这么多人一起去检查，还有没有更好的办法，既落实好工作，又节省人力成本。现在用精益思想反思，完全可以统筹安排，各负其责。比如让教学处负责考务安排，德育处负责考场布置，总务处负责水电供应和食宿，各自落实到位，不依赖检查来兜底。担任校长后，我就从没有带领队伍去实地检查过，我只是通过统筹安排会议和情况反馈协调会议来解决问题。这不是办公室懒政作风，恰恰是以我的“懒”来促各部门的“勤”。事实证明，考点准备工作在各司其职、各负其责、合理分工、统筹协调下完成得很好。在担任副校长时，我经常会召集各班班长或学习委员做学情调研，直接和学生对话，深入了解学情。为了掌握第一手信息，这种工作我一向是亲自做，不假主任们之手。通常的做法是所有班长或学习委员围坐开会，逐班了解情况。后来发现这样太耽误学生时间，每个学生只说几分钟，但要被动地坐等所有班长说完，20个班级轮下来，一个多小时就过去了。后来调整为分两组或三组分别来开会，情况有好转，但依然耗时。这是以我为中心的调研方式，学生如同轮盘，利于我不利于学生。我换了个角度去做调研，在晚修时走进教学楼，走到每个班级外面，单独与每个班长交流。这样我一个人增加了时间和精力，但每个学生只需要花费几分钟，节约了整体学生的时间。这是以每个学生为中心，我如轮盘，利于学生但不利于我。这项调研工作的核心目的是我要了解学情，而不是学生，那么两种方式都能有效实现，但后一种却能节约每一个学生的学习时间，降低了成本，减少了消耗。

精益思想的核心是以越来越少的投入，创造出尽可能多的价值；同时也越来越接近用户，提供他们确实要的东西。这里面包含两个维度：效率和效能。管理大师彼得·德鲁克曾在《有效的主管》中指出：效率是“以正确的方式做事”，效能是“做正确的事”。正确的方式做事，可以尽可能减少不必要的投入；做正确的事，可以让方向不偏离目标，资源聚焦于目标任务。二者兼顾，就是lean，就做到消除浪费，降低消耗，实现精益。

这几年，在三水中学我们尝试着这样去探索：

1. 不浪费时间——积极地做事，科学地做好时间管理，不消极怠工，不人浮于事。

——管理者不浪费教师的时间，教师不浪费学生的时间。三水中学倡导并实行：少开大会，多开小会；开会发言计时；上课、教学优先，轻易不得调课，轻易不得因其他工作耽误教学工作；不拖堂；与学生谈话要限时、精练；晚修不得随意找学生开会；严格管控面向全体学生开广播的权限和频次；精选习题，精准布置作业。

——学校要对教师开展时间管理培训，教师要指导学生做好学习规划和时间管理。我们编制了《三水中学时间管理手册》《三水中学打卡记录》，帮助教师、学生科学管理时间。

——管理者激发教师内生力，教师激发学生内生力。三水中学树立教师第一的管理观，学生第一的育人观，充分尊重，充分信任。我们实行360°教师工作环评，由学校领导、团队负责人、教师代表、工会代表组成的考评委员会，根据教师在工作业绩、工作量、团队合作、教科研成果、学生评教等全方位的数据和事实，进行科学公正评价。我们面向学生建立多元评价体系，让学生在多个方面都能得到评价认同。我们实行信任管理，尽可能让师生通过自主自律而不是约束防范来工作、学习。我们开通多个渠道和平台倾听师生心声，提升服务能力，最大限度满足师生合理需求。

2. 干正确的事——保证自己所做的事情确实能够帮助自己完成目标。

——**干事的主体清晰。**“让听得到炮声的人做决策，让听得到炮声的人呼叫炮火”，三水中学实行平面点状管理架构，让最接近学生的团队有权自主决策，有权参与资源分配。

——借鉴戴明环形成三水中学工作闭环四要素：决策—执行—检视—总结，确保做正确的事，把事做正确。

——**删繁就简三秋树。**每个团队都努力梳理，挤出三水中学任何领域形式主义的泡沫。

——**咬定青山不放松。**三水中学的工作精神是：凡事认真，追求卓越。久久为功才能把模糊不明朗的事情做正确。

3. 资源有序、有效分配——不浪费且起应有作用。

——**资源放在对的地方。**按需分配，才能最大可能保障资源放在对的地方。三水中学努力推动资源控制向资源服务转变。“让听得到炮声的人呼叫炮火”，让使用资源、需要资源的人申请资源，让资源为需要的人服务，而不是被管理者控制。

——**资源聚焦于核心目标，整合成集成优势。**资源不在于多与少，而在于把多方资源聚焦到一个点上，围绕核心目标形成集成优势，分散的、无序的资源分配，徒劳无功。比如做好校本课程，要把学生学习时间、学分评定、教师工作时间、教师课酬等评价、课程校内外资源等都聚焦到做好校本课程这一个核心目标上，才有利于把事做正确。

4. 持续开展“精进措施”活动。

——每个学期初，各部门、各团队、各位教师个人都要以表格形式梳理撰写至少三条精进措施，不定期组织相互交流。一位语文老师的精进措施见表1，历史学科组的精进措施见表2。

表1

序号	原措施	弊端或不足	精进措施
1	每周三次小作文（不同题目）全批全改全评	工作量太大，作业目标不明确	①调整为每周两次，另一次作文素材限时记忆；②改为同一作文题目的不同写作任务，减轻找题负担，实现深度训练；③部分批次由学生自行推荐或学生分组批改讲评
2	作业临时布置	缺乏规划	提前规划布置，即便临时改动，也能使作业有序列性；也可防止教师偶尔忘记，导致学生没有作业方向
3	每年现找旧年高考题；平时遇到的经典好题当场评讲，未收集；学生的原生答题情况也未收集	课堂举例找不到经典好题，耗费时间寻找	设立专门的文件夹和文档，及时记录当时的课堂讲评或作业精彩环节
4	好词好句分散写在不同的笔记本上	临时要用时寻找耗时且有遗漏	在手机上设立专门的归档文档，及时记录，方便查阅

表2

序号	原措施	弊端或不足	精进措施
1	科组活动主要体现为布置常规任务或者公开课听课评课	活动形式比较单调，既耽误老师们的时间，又难以得到专业成长的机会	将学校和教学处提倡的主题化科组活动落到实处，以教学优质资源分享、教学方法研讨、课程设计与说课、经典题目解析等内容为方向，开展由各备课组“承包”的，推动老师们个人参与的多元化主题探索
2	科组教研主要局限于校内进行	关于高考备考和新教材教学及考查信息更新较慢	通过学校、教学处、科组内个人等多条渠道，与区外、市外优秀科组、备课组建立联系，争取更多机会向区外、市外同行听课学习，了解新教材教学实践过程中的诸多细节处理和考查特点
3	科组中的研修主要体现为备课、命题、讲题、解题	仅有知识输出，专业阅读不够。长此以往，将影响教学视野的宽度和广度，变成“解题匠”	组织科组内读书活动，初拟定科组内每位老师本学期内各自读一本历史专业书籍，做好介绍资料或阅读感言，在科组活动中开展分享活动，以最大限度拓展集体视野
4	听课评课形式单一，浅尝辄止	不利于教室专业成长和授课内容与方式的精进	评课时要求每位老师都要发言，发言内容要言之有物，要有具体亮点和不足的分析，更要有合理化建议。科组将制作听课反馈文本，在每次听课时将反馈文本认真填写好，在评课结束后交给授课老师，以扬长避短，取长补短

没有完美的人，也没有完美的学校。在办学过程中，我们总会出现这样那样的问题，总会有不科学、不合理、不精准的做法。只有不断精进，才能不断革新优化。这需要我们有闻过则喜的品德，也需要敏锐觉察的能力和自我反思的勇气，更需要学校有不断精进的机制和精益管理的文化。

收放自如

让学校成为师生幸福生长的地方

——解码三水中学学校文化建设

新时代，社会对学校教育有更高需求。办人民满意的教育，办人民满意的学校，我们责无旁贷。三水中学，一所百年老校，近几年毫不例外地陷入“县（区）中衰落”的困境：优质生源流失严重，教师士气低落，社会逐渐对学校丧失信心。既要解决旧问题，又要迎接新挑战，三水中学面临前所未有的压力。

一、学校发展的路径思考

2017年7月，我来到三水中学担任校长。当时三水中学的情况是：这是一所优秀的学校，管理规范，制度完善，学校在正常的轨道上发展。教师关系和谐，师生关系良好，但活力不足，竞争疲软，师生价值感不强，信心不足，缺乏自豪感。学校氛围与周边区域高中积极进取、斗志昂扬的状态不匹配。如何带领全体师生走出困境，焕发百年老校的活力，迎接新挑战？如何带领学校从优秀走向卓越？是摆在新任校长面前的重大课题。

扛什么旗，走什么路？是我首要思考的问题。最直接的路径，是做一个管理型校长，高压严管，用严厉的管理手段，企业化的评价方式强压师生拼搏；利在短时高效，弊在风险高，破坏力大，不能可持续发展。最稳妥的路径，是做一个技术型校长，维持原状，同时努力改进教育教学方法和备考技能，进而提升教学质量；利在平稳低风险，弊在平庸低效率。这都不是最佳选择！

“在办学条件日趋标准化、均衡化的今天，学校发展的决定因素越来越依赖于人的精神力量，依赖于文化的力量。唤醒发展意识、回归主题精神、勃发文化力量。”[1]赤裸裸的经济杠杆和凌厉的末位淘汰制这些简单生硬的措施都不适宜时代发展和学校实际，不是学校振兴的大道。“学校不是工具性存在，而是文化性存在。学校具有优秀的文化，才能有效吸纳和内化外在的改革要求；才能盘活内部资源，调动师生的办学积极性和主动性，集聚和放大‘草根’的力量。”[2]人才是第一资源，依赖文化的力量凝聚人才且使得人尽其才，学校就能被盘活。所以通过文化建设，唤醒师生内生力量，推动学校主动发展，做一个领导型校长，是我最终选择并确定的一条发展之路。

二、学校文化主题的确立与解读

学校文化主题五花八门，什么主题才能精准把脉，对症下药？才真正适合三水中学？这要建立在对校情的准确分析上，要承上启下，因势利导，传承并发展。我们深入研究、反复讨论，最终确定把“让三水中学成为师生幸福生长的地方”作为文化建设的主题。理由有三：一是赓续传承，三水中学教师关系和谐，师生关系良好，让师生幸福生长，不会因为加强竞争而破坏优良传统，而且更加有利于把这种和谐关系再提升到一个新高度，由“同而不和”向“和而不同”提升。二是愿景激励，让师生幸福生长，是全体师生共同的愿景，是引导与激励师生对未来情景的意象描绘。“没有共同愿景的组织往往只会导致员工对上级对组织的被动式的遵从，而决不会导致对组织的真诚奉献。”[3]三是共同发展，学校发展不仅仅是为了完成党委政府交代的任务，也不仅仅是为了满足社会的需求，也是师生自我发展的必然需求。个人发展和集体发展从来都不应该割裂，为了共同的愿景而努力奋斗，成就学校，成就自己。

幸福生长，有三层含义。第一层是字面意思，师生能够在这间学校幸福地成长和发展。第二层是师生的幸福感在不断生长、提升。幸福感=成就感+感知力，没有成就的幸福是肤浅且短暂的。取得成就，实现个人价值，才是深层次的人生幸福。只有成就，没有丰满的情感，没有家国情怀，没有对美好生活的感知力，也不会有幸福感。第三层是依靠奋斗。幸福绝不是贪图享受，安逸闲适，消极倦怠，“幸福都是奋斗出来的”“未来不是等着我们去的地方，而是我们创造的地方”。[4]幸福生长，必然和努力奋斗密不可分。

三、学校文化建设的实施

三水中学文化建设分五个层面推进。

（一）凝练文化主题，形成幸福生长的愿景

通过教师研讨会、学生问卷调查、家长座谈会、校友座谈会等充分研讨，广泛征求意见，凝练出办学愿景：“让三水中学成为师生幸福生长的地方”；向全体师生解读，向社会各界传播，以求达成共识。同时制定《三水中学五年发展规划》，规划发展蓝图，明确具体的行动路径和奋斗目标，按照管理年、课程年、育人年、创新年、提升年逐步推进，最终要实现教育教学质量大幅提升，学校内涵发展赢得业界和社会良好口碑。

（二）改善办学条件，打造幸福生长的载体

1. 盘活学校经费，改善提升硬件水平

更新教学信息平台，数字广播系统，建设高端的校园电视台、创客中心、亲子餐厅，建设学科基地、艺术传媒中心。先进高端的设施设备、功能场所，拓宽了育人途径，增强了师生自豪感。

2. 联合社会资源，合作改善阅读环境

建设了温馨典雅的现代图书馆及阅读书吧，甫一亮相就惊

艳全场。原本仅起到自习室作用的图书馆，冷冷清清，少人问津，现在成了师生课余最爱光顾流连的地方。教师子女、校友常常慕名而来。促成了学校“大阅读”品牌建设，让好读书、读好书在学校蔚然成风。

3. 凝聚校友力量，奖教助学反哺母校

加大了母校与校友的联谊力度，更多热心校友关心母校，支持母校。捐资成立多种专项奖教奖（助）学基金，开设校友公益大讲堂，在校友企业设立研学实践基地等。广大校友回馈丰富教育资源，对教师是慰藉，对学生是情感教育的契机。

（三）改革评价机制，追求幸福的更高级

评价是学校文化建设的风向标。学校评价工作主要分两大块：选人用人；评优评先及绩效考核。我们明确提出：优秀是干出来的，不是选出来的。本着这一原则，创设“评议法”，制定360° 环评细则，成立有教师代表、工会代表参与的考评小组，根据教师的教学业绩、教科研成果、岗位责重、工作量、团结合作等方面的数据和资料，进行综合考核评价。把业务能力强、态度积极的教师放在重要岗位，把业务能力强、有个性的教师放在专业性强的岗位，形成包容发展型的用人文化；而不是重用人际关系导向性的教师，形成依附维持型的用人文化。教师的个人价值得到客观公正的评价，才华得到充分发挥，教师摆脱庸俗的人际关系困扰，心无旁骛地追求专业发展，从而达到幸福的更高级层次。

（四）优化管理机制，保障幸福地奋斗

在行政事务类和教育教学管理类工作范畴，我们构建立体管理架构：校长室管总，年级组主“战”，处室主“建”。管总：理念引领，顶层设计，资源调配。主“战”：带领本年级全体师生潜心教与学，规划并落实“三年一盘棋”的学生全面发展的系统培养工程。主“建”：打造强有力的教师队伍，提供优质后勤保障服务，策划大型主题活动。在教育教学专业类领域，我们构建平面点状管理模型，校长、名师、教师都是一个平面上平等的点，充分调动教师的积极性和能动性，充分发挥教师的专业能力。每一个点都是一个小小的发动机，所有的发动机都在同频共振地轰鸣。

幸福生长，其内核是奋斗精神。没有奋斗，就没有成就，也就没有幸福感。我们提出“凡事认真，追求卓越”的奋斗精神。但奋斗精神不能仅凭校长呼吁和号召，要通过科学的管理机制去实现。靠呼吁和号召来激励师生奋斗，就只能靠检查来落实，那最终反馈的往往是道德评判；靠管理理念引领和管理机制保障，让一个群体在科学顺畅的机制里运行，尽可能排除无效操作、繁杂环节的干扰，最终收获的就是集体奋斗精神。优秀高级的管理机制可以有力保障师生幸福地奋斗。

（五）注重人文关怀，增强幸福的感知力

我们倡导“工作生活两平衡”。只有工作，没有生活，工作激情难以持久；只有生活，没有工作，生活失去意义。寄宿制学校，家长一周才能与孩子见一面。中途不少家长会给孩子送汤水、送餐食，常常在围墙边看到家长和孩子别扭地蹲在路边说话、吃东西，或者是隔着围墙的栅栏相望。我们在学校侧门口巧妙地开辟一个中间地带，建设温馨洁净的亲子餐厅，让家长和孩子有一个共享美食、温暖交流的场所，大受欢迎。定期举行教职工亲子阅读分享会、趣味运动会，让教师和子女在学校感受家的温暖。成立三中教师读书会，不定期给老师赠送书籍，通过线上交流和线下读书分享会开展“共读一本书”活动，给老师搭建思想交流的平台。成立足球、篮球、排球、乒乓球、羽毛球、跳绳毽球、歌舞、书画、瑜伽、棋类等10个教职工文体协会，丰富业余生活，拓展教师交流渠道。

四、文化建设的效果

几年来，学校生机勃勃，师生积极性高涨，面貌焕然一新。特别值得一提的是，多个学科在省市多项教学技能大赛中突破性地斩获大奖，刷新历史，创造纪录。教学质量逐年提升，社会反响越来越好。是什么力量让原本墨守成规、暮气沉沉的教师队伍焕发生机？让原本沉静如水的校园风起云涌？是文化的力量！是学校文化建设的自然结果。现在三水中学的师生，忙碌又充实，紧张且坚定，正幸福地奋斗着！

一所优秀的学校，制度必然会是健全的；但一所卓越的学校，文化必然是强大的。学校管理向学校治理转变的过程中，文化建设远比制度建设重要。仅靠制度管理，就习惯性地把师生当作管理的对象，往往会把师生推向对立面，本应该是同行者，可能反而成了阻力。文化建设，则会把全体师生变成志同道合的一个集体，志同，就是有共同的愿景，共同的追求；道合，就是志趣相投，价值观相近。这样的集体，既强大有力，又温暖和谐。

参考文献

[1] 杭永宝，鲁树兴. 释放学校发展的精神力量——学校“主动发展”内涵的多维解读［J］. 人民教育，2019（9）.

[2] 杭永宝，鲁树兴. 释放学校发展的精神力量——学校“主动发展”内涵的多维解读［J］. 人民教育，2019（9）.

[3] 彼得·圣吉. 第五项修炼：学习型组织的艺术与实践［M］. 北京：中信出版社，2009.

[4] 国家教委国家教育发展研究中心，编. 未来教育面临的困惑和挑战——面向21世纪教育国际研讨会论文集［C］. 北京：人民教育出版社，1991.

我与校长面对面

初来三水中学时，发现一个很不好的现象：学生向政府平台或热线投诉比较多，投诉的内容多是学校管理的小问题，比如饭堂饭菜口味差、宿舍热水不足、校园施工噪音等等。这个现象引起我的反思，为什么本该由校内就近反映并快速得到解决的问题，学生会舍近求远采取向外向上投诉的方式呢？是学校内部沟通机制不畅还是学生的风气问题？为了扭转这个被动局面，我们设计了一个活动，叫作“我与校长面对面，我与学校共成长”。希望通过这个活动搭建起学生与学校有效沟通的机制和平台，及时解决学生急难危困的诉求，消解学生对学校的隔膜。随着活动一届又一届地向前推动，不仅很好地实现了最初的预期，还起到了很多预想不到的作用。

最初的活动设计很简单，一年举行一次，每班推选一名民意代表，收集本班学生意见和建议，带着汇总的意见和正副校长举行见面会，会场类似于政府部门的记者见面会。学生举手提问，校长解答回应，副校长补充。对学生提出的意见或建议，确属学校管理不当或不足，当场做出整改承诺；在某些问题上学生和学校之间的立场角度有分歧，做出合情合理的沟通解释；意见或建议不合理的或学校在现有情况下完全做不到的，做出诚恳的说明和引导。第一届举行时，现场气氛很热烈，学生争相举手提问，应接不暇，意犹未尽。沟通对话的目的达到了，但也有几个问题：一是学生的意见绝大多数集中在饭堂和宿舍方面，讨论的都是吃喝拉撒睡等生活问题，很少关注教学和育人方面。二是班级民意代表收集班级意见不充分，多数只是个人意见。三是现场火爆，但在学生群体中反响不大。

我们又经过优化，推出2.0版。民意代表要充分收集班级每个同学的意见，归类提交给学生会，学生会把三个年级的意见再次归类，分部门类别、分年级类别整理后提交给校长。在面对面活动中，先由各主管副校长针对相对集中的问题做统一解答，再由代表们现场提问，校长作答并总结。会后民意代表要在班级内向同学详尽反馈。这次优化，收到了良好效果：学生意见相对集中、充分、理性，反映生活问题在减少，针对教学和育人工作的意见在增多，当然这与我们加强后勤服务质量、更好地满足学生需求有关；见面会的信息容量大为增加，效率更高；学生知晓度更高，学生群体与学校的关系更为融洽。还有一个意外收获，各部门管理者在教育教学和后勤保障工作中

“以人为本”“学生视角”的意识增强了，管理工作更接地气儿，更加有教育味儿。

我们继续优化完善，推出3.0版。面对面活动结束后，列出整改清单，限期解决，下一次面对面活动中先向学生通报上一年整改措施和效果，有始有终；请各部门、各年级的主任也到现场参加活动，和学生平等对话，听取学生心声，了解学生关切的问题和思想动向；面对面活动通过校园电视向全体学生直播，让所有学生直观地参与进来。

连续四届活动下来，最初想化解学生怨气、减少对立，构建良好关系的目的早已实现。不仅如此，还收获到更为有价值的东西：一是学校整个管理团队的工作作风焕然一新，学校治理的水平大为提升，能更好地以学生视角来思考谋划工作，工作措施合情又合理，刚柔相济，在管理和教育之间取得了较好的平衡。二是有效地引导转变并成功塑造了学生崭新的集体性格，学生整体风貌更为积极阳光，自信大方，理性睿智。成功地把一个最初的管理措施变成了极具价值的教育活动。仔细观察，会发现一个学校的学生是会有集体性格的，可以通过学生群体的精神面貌、言谈举止、行为习惯、处事方式来察觉到这种集体性格。有的学校学生集体性格是沉静温和，有的是羞涩木讷，有的是乖巧温顺，有的是狂放张扬，有的是自信大方。集体性格的形成，可能是学校的管理方式导致，也可能与生源层次以及来源区域有关。从观察学生集体性格中还可以感受到学生群体与学校的关系，是融洽还是生分，是友好还是对立。

学生的集体性格是可以进行引导转变的。“我与校长面对面”活动就让学生群体与学校关系更为融洽、友好，建立起情感的纽带，同时引导着学生集体性格向着自信大方、活泼自主的方向转变。

回顾四次活动中我的总结陈词，可以看出对学生思想引领的脉络。第一届活动中，我大力鼓励学生用心观察、积极思考，敢于提出问题，勇于挑战权威，放下思想包袱，打开思维视野，从集体沉默中唤醒个体意识。第二届活动中，我总结了学生意见反映出的四对矛盾：个性需求与共性管理之间的矛盾，家庭生活与群体生活之间的矛盾，美好期望与现实困难之间的矛盾，过程惰性与目标追求之间的矛盾。呼吁学生学会系统思维、立体思维，在个体与集体之间，在适应现实与美好期望之间取得平衡。第三届活动中，我提出学校发展，是每一个人的责任，呼吁学生敢想、敢言，还要敢当勇为，要让更多“我来解决”的声音出现，不仅是学校发展的观察者、体验者，更要成为建设者。第四届活动中，我呼吁学生从关注个人需求转向关注他人需求，从关注眼前转向关注未来，从实现个人价值转向为学校、为国家发展做贡献。

回顾四次活动中学生提出的意见和建议，也可看出学生关切点的转变和集体性格的变化。学生在第一届活动中提出的意见多是集中在后勤保障和服务方面，比如饭菜质量不好、宿舍设施陈旧、夏天空调不凉，冬天热水供应不足等等。第二届活动里就比较集中在课时分配、作业量、自主学习时间方面。

第三届活动的意见侧重在德育活动的合理性与有效性、学生社团的发展、校本课程的质量等方面。第四届有学生开始关注教师的工作环境，建议学校开设由学生自发表扬教师的平台，而不仅仅是由学校官方表彰教师。从中可发现一个脉络：学生的视角由近及远地发展，生活问题是离学生最近的，最为直观感受到的，再远一点是学生的学习问题，再深一个层次，就是学生全面发展的问题，再高一个境界，就是由关心自己到关注他人、关注学生到关注老师，这个变化的脉络与学生价值观的塑造方向正好吻合。学生在四届活动中的言行举止也在发生变化，由最初的要么拘谨、要么激愤，到后来的自信阳光、坦然平和，这个变化的脉络与学生集体性格的塑造方向也是吻合的。我们很欣慰地感受到：教育是有力量的！

不做调查没有发言权，不做正确的调查同样没有发言权。调查研究是解决问题、提升能力的途径和方法。深入了解学生，与学生平等对话，读懂学生这本大书，既是解决问题、提升教育管理水平的途径，也是敏锐捕捉教育契机、提升育人品质的路径。

校长在教师大会上应该讲什么?

校长在教师大会上应该讲什么？首先要弄清楚两个问题，一是校长角色的定位，二是教师大会功能的定位。

校长是学校的领导者和管理者，这是校长的角色定位。领导就是带领和引导。学校的办学方向、发展战略和价值观念等，例如“培养什么人，怎样培养人，为谁培养人？”，这些方面的问题校长要把控好，当好“领航员”。管理是对组织内外人财物等因素的优化以实现组织目标的活动。具体到一所学校，校长要把几千名学生和几百名教职员工的学习、工作和生活有序地组织好，运营好，确保安全高效，当好“船长”。

教师大会功能的定位是解决问题。大会解决的是思想观念问题，小会解决的是具体工作问题。所以，我们学校是尽量少开大会，多开小会。大会精心谋划，小会高效快捷。教师大会上，校长要通过讲什么、怎么讲来实现有效的领导和管理，体现价值领导力。

每一学期末，我们都要很隆重地开一个教师大会。时间定在正式放假前的一天下午，足足开3小时。内容主要有两项：各部门述职和校长演讲。对各部门述职，我们要求要讲这学期本部门做了什么，为什么要这么做，做过后的反思，重心在后两点。如果只是记流水账似的讲做了什么，既枯燥乏味，又不能有效沟通。学校的具体工作，做起来是反反复复，与表面呈现的并无两样，但做的背后是千变万化的谋划和思考，做过之后的效果和过程中凸显的问题也各有不同。只有着力于做之前的谋划和做之后的反思，才能提升我们的谋划能力和决策能力，才能让“做”发挥出更大的效益。这才是述职的本质。述职不是简单记叙，事项罗列，更不是表功诉苦，而是根据结果进行推演复盘，反思成败，谋划未来。每个发言人都必须做好PPT，时间限制在10分钟，讲完后立即进行一个问卷调查式的简要评价。

校长的演讲大约1小时。每次的演讲，我都会根据本学期教师的思想动态和工作的矛盾冲突，针对性地确定一个主题。任职三水中学校长期间，我讲过以下几个主题：

一、学校发展战略的分析与规划

目的功能：承前启后，开创未来。

思考要点：三水中学，百年历程，人才辈出，备受关注。在社会各界大力支持下，在历届校长和师生员工的共同努力下，三水中学取得了可喜的成绩，但也存在着进一步跨越式发展的困难和难题。老师们在观望和期待，新任校长要通过学校发展战略的分析与规划，与老师们一起形成共同愿景。

学校持续健康发展应该是渐进性、累积性的，而不是推倒重来。因此，在一个学期广泛调研的基础上，我主要强调了这样几个要点：

一是未来三年中继续坚持的方面。推进学校改革不是对前期工作的否定，而是在原有基础上的继承和发展，是对原有工作的总结和提升，凡是符合学校改革思想的，有利于推进学校改革工作的，学校的优良传统，行之有效的做法，备受好评的措施，一定要坚持。

二是未来三年中优化完善的方面。主要是指在原有的工作中，有些措施、方法或者制度规章不符合学校改革的指导思想，要改进完善，不能为了维护过去而裹足不前。

三是未来三年中突破更新的方面。主要是指在原有的工作中，根据学校改革的指导思想，还没有开展的工作，还没有采取的措施，属于创新的内容。

二、学校管理模式的改革与实施

目的功能：简政放权，激发活力。

思考要点：学校管理的深化改革涉及组织结构和运行机制的改革。这方面没有变化，其他方面就难以突破。根据一个学期的实践和思考，我结合实际强调了以下几点：

一是推动组织层级更加扁平化。

管理的层级（层次）与管理的跨度（幅度）是成反比的。随着新课程改革的不断深入，任务更多更复杂，需要不断创新，要求一线的师生参与其中，因而原有的组织结构模式就显得不太适应而需要变革了。三水中学规模大，需要简政放权，减少层级，增加跨度，将管理重心“下移”，充分发挥学科组、年级组的功能和一线教师的主人翁作用。

二是推动组织结构更加灵活化。

把常规安排与项目任务相结合。项目任务制是一种灵活的，适应性强的，具有活力的，共同参与的组织结构形式。为了解决某一具体问题，人们从不同的部门会聚在一起，目的明确，形式灵活，关系融洽。

三是推动组织边界更加模糊化。

开放的、民主的、网络环境下的学校管理，使得组织边界渐趋模糊了。在内部，加强党支部的建设，充分发挥教职工代表大会、校务委员会以及民主党派和群团组织的作用；在外部，设立社区教育委员会、家长委员会、校友联谊会、专家顾问委员会等机构，其目的是加强决策咨询，借用外脑，开放办学，寻求多方面的支持，盘活办学资源，促进学校持续健康发展。

三、学校若干关系的主张与把握

目的功能：理顺关系，愉悦心情。

思考要点：学校管理是一种用人以治事的活动，具体体现在人与人之间、人与事之间、事与事之间的关系上。学校成员理解并理顺了这些关系，学校工作就会呈现出一种良好局面。为此，我根据新学期出现的新情况，着重强调了以下几个方面：

一是民主与集中的关系。

民主是要广泛听取师生意见，集中是要能够对听取的意见进行鉴别，实事求是。对于建设性意见和批评要听取吸纳，对于积极认真工作但偶尔流露出来的情绪宣泄式的牢骚要听之容之，不要上纲上线，对于逃避困难、偷懒耍滑的牢骚要能坚持原则不妥协。

二是计划与落实的关系。

对于计划要充分理解，积极落实。既不要不折不扣地闷头执行，也不要一味地抱怨抵触。有实事求是的精神，有积极阳光的心态，坏点子都能变成好点子。抵触抱怨，敷衍塞责，好点子也会变成坏点子。只有完美实现的点子才是好点子。

三是工作与生活的关系。

主张工作生活两平衡，只有工作，没有生活，乏味！只有生活，没有工作，空虚！

四是统一与个性的关系。

统一是面向全体，讲规范，讲效率，对个性有约束；个性是适合个人，有特色，有针对性，对统一是突破；个性中找共性就是统一，统一中允许有个性；因统一而抹杀个性，假借个性而回避统一，都不妥当。统一和个性都是为了追求更高效率，更大效益。

五是合格与优秀的关系。

合格：敬业——遵守规则，服从大局，听从安排，不拖后腿；专业——研究教材、课标、考纲、高考题，研究上课技能，研究命题技术。写论文，做课题，阅读专业文章和书籍。优秀：高度负责任，非常专业且卓有成效。遵守规则却不刻板，服从听从但不盲从。主动钻研教育教学已成习惯，写论文、做课题是教研的自然延伸和必然形式。作为一名教师，可以不优秀，但不能不合格！

四、迈向幸福学校的个体与群体

目的功能：文化建设，价值引领。

思考要点：在学校深化改革过程中，在分配的平均主义向责权利对应匹配的改革过程中，人的自我意识增强，会出现过度自我和僵化不动两个极端。如何进行文化引领？我结合这个学期的实际，着重强调了以下几个方面：

每一艘行稳致远的航船，都有一块宝贵的压舱石。对于学校来说，这块压舱石就是学校文化理念和优秀教师群体。“让三水中学成为师生幸福生长的地方”是学校的办学愿景，它所表达的是：充满幸福感地工作、学习和生活，既是现状也是未来，既是过程也是结果，既是个体向往也是集体旨意。它要求每一位师生在三水中学这个大集体中明白几个要点：

第一，我是谁?

我既不是世界的中心，也不是低微的尘埃；我很重要，我是各种关系网中的一个节点。

第二，我在哪里?

我在职场，必然与单位、同事、职责等有关联，与纪律、压力、任务等有关联，与业绩、薪酬、评价等有关联。

第三，我要干什么?

在组织中实现自我价值，同时为组织创造价值。

五、问题背后问题的审思与破解

目的功能：审视自我，提升自我。

思考要点：在日常工作和生活中，我们常常看到遇事推诿、没有个人责任意识的人。抱怨别人一无是处的人也不稀奇，不知上进不肯学习的人比比皆是。一所好的学校中，这类人不可能完全没有，但要尽可能转化。我结合这个学期的实际，以典型案例入手，着重强调：

一是放弃归责他人。

失败者为失败找理由，成功者为成功找方法。推行深度改革，强化个体责任，提升单兵作战能力，需要梳理背后的逻辑和行事的路径。

二是改变提问方式。

问题是常有的，问题背后的问题是个人责任。面对问题，要以“什么”或“该如何”提问，而不是“为什么”“什么时候”或“谁”。包括“我”字在内，而不是“他们”“你们”，应该将焦点放在行动上，而不是抱怨推诿。例如，发生错误事件，不正确的提问方式：“是谁搞砸的？”正确的提问方式：“我能做些什么来帮忙解决这个问题？”

总之，我觉得，教职工尽心尽力工作的背后是个体的心气顺和团队的凝聚力，是个体的积极向上和团队的默契配合。校长演讲要能有效地疏通前阶段教师群体中郁结的负面情绪，要能有效地化解拼搏过程中积累的冲突矛盾，要能有效地解决工作中凸显的共性问题，要能让教师在个体和集体之间找到合理的平衡，更重要的是要能让教师振奋精神，激发斗志！在茫茫大海上枯燥地航行数月，能看到远处闪耀的灯塔；在一望无际的草原上策马奔腾，筋疲力尽时能找到炊烟袅袅的村庄，开满鲜花的山坡。

内外兼修

成立教师文体协会背后的逻辑

教育行业之外的人与教育行业的人之间经常会有这样的对话，常常令人啼笑皆非：

“老师一天才两三节课，那工作岂不是很轻松？”

“课前要备课，课后要批改作业，辅导学生啊。”

“教书好多年，都已经滚瓜烂熟了，还需要备课吗？”

“当然要备课，还要精心准备。”

“那是不是说明教书多年，业务还不熟练？”

……

之所以会有这么大认知误区，是把教师的工作等同于体力工作或简单重复性的工作。

管理学大师德鲁克于1959年在《明日的里程碑》一书中，正式提出“知识工作者”的概念，定义为“把自己从学校学到的知识而非体力或体能投入到工作中，从而获得工资的人”。

教师就是典型的知识工作者。那他们的工作与普通的体力劳动和简单重复性工作有什么不同呢？德鲁克讲了一个小故事：

《纽约客》（*The New Yorker*）杂志某期曾刊载一幅漫画。

画中一间办公室玻璃门上写着“爱洁肥皂公司销售总经理史密斯”。办公室内墙壁上只有一块单字标语：“思考”。

画中的经理大人，双脚高搁在办公桌上，面孔朝天，正向着天花板吐烟圈。

门外刚好有两位较年长的人走过，一人问另一人说：“天知道史密斯是不是在思考我们的肥皂问题！”

的确，谁也不知道一位知识工作者在想些什么。

然而，思考却正是他的本分，他既然是在思考，他就是在工作。在过去，一个组织组成多以体力劳动者为主体，但是重视的是“效率”，它完全可以通过数量和质量来衡量；而现在这个时代，特别是电脑出现以后，有太多太多的“史密斯”诞生，而他们的工作不仅仅需要向体力劳动者那样“把事情做对”（to do the things right），更重要的是“做对的事情”（get the right things done）。

教师的工作绝不仅仅是每天上两三节课这么简单，也不仅仅是上课、备课、批改作业、辅导学生，思考也是工作，尽管看不见。社会在发展，知识在更新，学生在变化，老师为了上好这两三节课，还要有效地教育、管理学生，就需要参加教研活动、专业培训，不断进修，去思考“做对的事”。

既然教师的思考是看不见的，也可以同样说“天知道教师是不是在思考我们的教育教学问题！”，那意味着教师也有可能不思考或者思考的不是教育教学问题，只干事务性工作、机械重复性工作，其结果就是不能给学生提供针对性的、高质量的教育。事实上确实存在这种现象：教师职业倦怠，不思进取，不学习，不研究。这正是学校最为头疼的问题，也是学校最应该抓好的工作。

德鲁克就提出这个问题：到底该如何让知识工作者发挥最大的效用呢？用我们熟悉的语境来表述，就是到底该如何调动教师的工作积极性呢？

德鲁克开出的处方是：

（1）强化知识工作者的责任心是提高其生产率和成就的关键。

（2）知识工作者必须能够评价自己的贡献。

（3）最重要的一条规则也许是让知识工作者做他们的本职工作，但这恰恰是管理人员很少注意到的。

（4）知识是一种高级资源，知识工作者价格不菲，因此，为他们提供合适的职位是充分发挥其生产力的关键。

用我们的语境表述就是：

（1）加强师德师风建设。

（2）重视教师评价，尤其是绩效考核。

（3）用人所长，岗位对口，专注业务，减少事务性干扰。

（4）待遇留人。

如果还要加一条，我想加上：

（5）重视情绪管理。

还是德鲁克，在《变动世界的经营者》中指出一个现象：知识工作者却动辄满腹牢骚，或者至少是对现状感到不满。他们获得的待遇极其优越，从事的工作也很有趣，而且不像以前那样耗费体力。但是我们现在经常听到的“疏离感”（我个人更喜欢使用一个老字眼“不满”）并不常见于工人阶级，而是普遍存在于受过良好教育的中产阶级知识工作者当中。

在教师队伍里，这个现象也是常有的。这种不良情绪还会感染其他人，在教师中不断蔓延，处理不好，对教师工作效能有很大影响。所以我说还要加上一条：重视情绪管理。即便上述四条都做得很好，依然会出现教师对现状不满而满腹牢骚的状况。可能是知识工作者相对独立性较强，更容易关注自我感受，也可能是知识型工作比较严谨，知识工作者较为缺乏幽默感和调侃能力，牢骚就成了不良情绪的主要出口，还可能是知识工作者善于思考，不满、牢骚也是思考的一部分，是硬币的另一面。我无法准确地分析其根源，但在教师队伍建设工作中，我努力想办法改善这一状况。

不能粗暴地挥舞规则、纪律的大棒进行高压，“防民之口，甚于防川，川壅而溃，伤人必多”；不能直白地去干预或就事论事地解释，那样会陷入到琐碎的话题旋涡，这种不满情绪也未必是对具体事情不满，而仅仅就是不满情绪；也不能一味地讨好卖乖，那会让这种不满情绪更容易蔓延。负面情绪需要疏导，积极氛围需要营造。人心长满杂草甚至成为荒漠，积极性就无从谈起。“除掉杂草的最好办法是种满庄稼”，路径可以是精神世界的富足充实，才华兴趣的展示和拓展，人际交往的健康和谐，体能生理的提升和健康……于是我从人的综合性出发，以大力活跃教师的业余生活为抓手，在学校成立了教师文体协会。这样做有几个好处：

（1）锻炼身体，愉悦身心，这是人的基本需求。

（2）让教师的交往圈扩大，加大人与人连接的机会，不囿于狭小的专业圈子，了解不同的人的生活方式、人生哲学，在对比和类比中开阔视野，疏阔胸襟。

（3）改变工作之余的话题，不陷入不满情绪的荆棘丛中。

我们一口气成立了十个协会：篮球协会、足球协会、气排球协会、羽毛球协会、乒乓球协会、毽球跳绳协会、瑜伽协会、歌舞协会、书画协会、棋类协会。鼓励全体教职员工根据自己的兴趣爱好积极报名参加，每个协会都健全组织架构、制定协会章程和活动方案，协会可以和学生联合组织比赛活动，通过会员自筹、工会费、外界赞助等方式保障经费。校园变得更热闹了，教职员工更有生机活力了，茶余饭后的话题更加健康有趣。在体育艺术节，教职工文体协会与学生的比赛成了热点。

看似普通的一个举措，为什么要去深挖并梳理其背后的逻辑？从管理技术上讲，学校管理要有系统思维、整体思维，学校是个有机整体，每个人也是一个系统，不能简单地把工作与生活分割开，也不能简单地把人的理性责任和感性情绪分割开。只有把学校作为整体，把学校里的人作为完整系统来考虑，学校各项工作才会成体系，逻辑自洽；只有把各项工作背后的逻辑想通想透并聚焦到教育本质规律和人性特点上，决策才会更理性更科学，落实才会更坚定。从管理文化上讲，有组织、高质量地开展教师文体协会活动，浅层来看是丰富活跃了教师文体生活，深层来看，增强了教师对学校的归属感和黏合度，在温馨、和谐、幸福的家文化与和文化的氛围中，教师就会把充盈的情感和愉悦的精神自然传导到教育教学工作中。

教师个性化的风格与课堂教学的美

读书十余载，聆听了很多老师的课，当了老师以后，也走进了很多老师的课堂去学习。作为学生，我坐在教室里听讲，更多注重的是知识的获得，可是老师的讲课语言、授课风格仍会在很大程度上影响着我的注意力。老师声音高昂，我精神振奋，思维积极活跃；老师声音舒缓、低沉，我情绪低落，思维懒散。我常常会因为老师的不同而呈现出不同的学习状态。作为老师，我坐在教室后听课，更多注意的是讲课老师对课堂的组织、与学生的互动、对教材的处理以及学生的学习状态，对知识的学习已属次要，所以就比较放松，可是老师的讲课方式、风格还是会很大程度上影响着我的注意力，同样是放松，有时是轻松中有思考、有领悟，下课后仍余味未尽，有时却是“轻松”得睡意袭上了头，蒙眬睡意中只盼早点下课。我就想到：在我的课堂上，学生是余味未尽还是睡意袭人？我怎样才能使学生在我的课堂上精神振奋、思维活跃并且始终如一呢？

教学中，我们常常看重的是：一个老师对知识吃得是否透彻？课堂组织是否合理、科学？教学方式是否活泼、新颖？诚然，这是老师应有的基本功。但是，是否一个老师只要具备了这一切，就能保证他的学生没有“睡意”呢？从我的听课经历中，我越来越深地体会到老师语音语调的感染力及肢体语言的亲和力的重要性——有时似乎比其他什么都重要。这样说可能很多人会反对，说现在都强调学生自主学，淡化老师的讲，你还说这个？关于这一点，马超俊老师在《为“讲”正名》（《人民教育》2002，2）一文中已精彩论述过，在此不多赘述。也有人说，教师的知识、实力才是决定因素，你说的这些不唯物，是形而上。在这一点上，我也曾陷入了矛盾的旋涡：作为班主任，我经常告诫学生——不能在意识上选择老师而导致选择学习科目，社会对老师的要求是有教无类，那么作为学生对学科、对老师更应该来者不拒（缺乏职业操守的老师除外）。可是语重心长也好，苦口婆心也罢，这些语言在现实面前却是冰冷的，无力的，学生在有些课堂上总也打不起精神。对老师总有好恶之分，以至于对所学学科亦有轻重之分。我难以说服学生，也难以说服自己——到底是学生太任性、太情绪化，还是老师缺点什么？可再转念一想：一直提倡教育应该以人为本。人，学生也。要求学生在情感上不能对老师的风格有喜好憎恶之别，这是违背人性的，人有选择的权利，甚至有这个本能。我说服了自己，一下子就豁然开朗。可回过头该怎么教育学生呢？我依然无能为力，于是想：老师能否变一变，看看课能不能换一种方式讲？

我，五音不全，张口不能唱歌，伸手不能抚琴，基本上是个乐盲，不过还算喜欢听一些歌。有些歌或如潺潺流水，沁人心脾；或如龙吟虎啸，激越昂扬；或如黄钟大吕，振聋发聩，常使我如痴如醉。我无法从乐理知识上去分析它们为什么好听，但从感觉上我总能愉快地接受，大概这些音乐都具有乐律美吧。对！是对美的欣赏把我这样一个乐盲与美妙的音乐联系起来了。我们走进大自然，面对如诗如画的风景，常常惊叹不已，还是美，是大自然的美震撼了我们。美，让我们产生共鸣，让我们心情愉悦，让我们忘却自我，让我们余意未尽！老师不是表演艺术家，但老师上课的声、形、体、貌以及这些有机融合在一起展现出的东西也可以产生美的效果，把这种美称为行为美、表演美、内在美、意境美？这些都不能完全概括，也或许都包括。这种美，可以让学生产生共鸣，让学生愉快地接受。我高中时的一位数学老师，是一个50多岁的老头儿，面目和善，动作迟缓，原本还有些磁性的嗓音在多年的教学中已彻底沙哑了。可是一上讲台，这老头绝对能吸引住每个学生的眼球，他讲课抑扬顿挫，深入浅出，引导学生的思维如蛟龙过海，在数学迷宫里恣意遨游。讲到激动时，他声调高昂，手中的粉笔在黑板上铿锵有力，绽出数点梅花。他在讲台上会大步流星从这端窜到那边，再猛地侧转身，口中犹念念有词。当学生的思维举步维艰时，他声调低缓有力，讲解如绵绵细雨，引导学生分析深入后，慢慢画龙点睛般地画出那一条关键的辅助线。这时，他轻舒一口气，一言不发，一脸的志得意满，和善地望着学生。学生“哗”的一声松下了紧绷的神经，学生的思维、神经总能被他调动得跌宕起伏。这位老师其貌不扬，行动并不敏捷，声音也不动听，但他上课却展示出一种能让学生产生共鸣的美，一种能让学生沉醉入迷的美。这样的老师这样的课，怎叫学生不喜欢？学生的学习效果可想而知。

还有一位同事，教政治的，有一次讲唯物主义与唯心主义，一进教室便悠悠地说：“今早穿衣梳头时问我妻，我与邓公（同是这个班的语文老师，学生心知肚明）比，孰美？吾妻曰：‘君美甚，邓公何能及君也。’我明知邓公美于我，可我还是很高兴，自觉气宇轩昂了许多。”接着他与学生一起讨论起唯物与唯心，这节课的效果显然不错，师生一起讨论得很热烈，也很深入。这位老师的幽默和机智为学生营造了一个优美的学习意境，他的幽默调动了学生的热情，他的机智激起了学生的求知欲，原本枯燥的、晦涩的政治说教一下子鲜活起来了。相信这样的学习、讨论会一直延续到课后的。

多年后，老师所教的知识可能早就淡忘了，可老师的教学风格却会深深地烙在学生的脑海里，甚至会影响着学生一生。鲁迅先生笔下人物无数，可记载的老师大概只有两位，一位是他尊敬的藤野先生，另一位便是三味书屋里那位教他摇头晃脑地大声诵读的老先生了，“笑人齿缺曰狗窦大开……”正是这位老师的独特风格让鲁迅多年后仍忍俊不禁，记忆犹新。季羡林老先生近90岁高龄还回忆起大学时的一位老师，“一进教室便滔滔不绝、旁若无人地讲起来，下课铃一响，一句话说到一半，另一半也决不说完，转身就走……”，学生回忆起风格独特的老师，都是刻骨铭心的。

老师上课的风格各有千秋，各具特色，只要能给学生以美的感受，引起共鸣，产生震撼的效果，就能牢牢地吸引住学生，这样讲课就会达到事半功倍的效果。一个老师知识渊博、经验丰富、工作态度认真，诚然重要，但若讲课缺乏风格，缺乏一种能给学生带来美感的风格，一种能紧紧抓住学生的心的风格，那么，这位老师与学生之间沟通的门就难以开启，学生就很难在他的指引下进入知识的迷宫。如是，老师的博学，老师的精心备课，老师的周密策划就会付诸东流。这就好比一个企业，如果缺乏高明的推销、新颖的广告策划来打开市场之门，再好的产品也难以创造效益。一盘营养丰富的菜肴，如果没有诱人的色香味，也很难勾起食客的食欲。

这种能吸引学生的教学风格可能与老师的个性有关，也可能与老师蕴积的知识内涵有关，但绝不是一成不变的。最主要还是观念问题，老师若能在教学中大胆张扬自己的个性，树立独特的风格，就一定能给予学生美的享受。试想，如果我们展现给学生的都是千篇一律的面孔，僵化刻板的模式，学生怎么能对学习有持续的热情和欲望？当然，学校能否给予老师们一个宽容的环境也是至关重要的，学校评价老师不能唯以学生的分数论，同时要有宽广的胸怀去包容各种风格的老师，给予具有个性的老师足够的发展空间。有个性化的老师，才会有个性化的教学，才会有精彩的课堂，也才会有对知识如饥似渴的学生。

教学三重奏

对于基础教育，谈到教师专业水平提升，焦点基本上都集中在学科知识的研究。对学科知识的深入理解、融会贯通，对知识点的逻辑整合、属性分类，以及对知识点的难与易、主与次、轻与重的研判和取舍，都属于这个范畴。写教案、做课件，集体备课，校本教研，教学技能比赛等等，主要内容也都是针对学科知识的研究。这一块固然有很广阔的研究空间，我们在这个范畴上花费了大量的时间和精力，老师们都沉浸其中。但如果跳出这个思维圈，自问，这个领域的空间很大吗？投入了时间和精力，的确可以提升教学专业水平，但投入与产出真成比例吗？似乎较少有人思考这个问题。

在基础教育，对学科知识的研究，常常会被视为是教研的正统，是专业，是本分；属于这个范畴的课题与论文研究，更容易被认可，在这方面研究出成就，更容易获得尊重。翻开学科专业杂志，发表的论文绝大多数都是这类的研究。即便涉及学科教学法的研究，也是在讨论如何针对学生的特点、需求把知识点合理地整合、勾连、取舍。除此之外的研究，往往被排斥在专业之外，或者被视为非主流，这是大众习惯性认知的一个误区。

理性分析，其实这一范畴的研究空间并不大。因为基础教育各学科的知识都是基本原理类或客观事实类，是人类文明发展和科学研究进程中被证实的、成熟的知识。正因为是成熟的基本原理，学科知识就相对稳定，若干年基本没变化。教材的修订，也只是在知识的取舍和呈现顺序、逻辑上，在素材的选取上做出调整。若再加上标准化考试的因素，学科知识的范围更小了。尽管教学大纲改为课程标准，考试大纲改为考试说明，但标准化考试都必然内含着较为清晰明确的知识范围。所以，甚至可以武断地说，基础教育学科知识的研究范围是明确且固定的，研究深度也是有限的。当然，不同的教师在思维水平、逻辑层次、归纳整理能力上有较大差异，导致教师个体距离研究上限和边界会有较大差异，每个人的研究空间会不同，但总体上研究空间不大。既然空间不大且相对明确固定，经过多年的教学实践，教师完全可以掌握并熟练应用，把大量时间和精力投放在这个领域，性价比就不高了。

那么，教学研究的空间在哪里?

教学过程应该包括教和学，还有教和学之间的桥梁。学科知识研究仅仅是研究教，教师还应该研究学生的学以及教与学之间的桥梁，这里有更加广阔的空间。厨师精心选取各种各样的食材，用精妙的刀工把食材切割成片、块、条、丝等多种形状，再用烹、炒、炸、焖、煮、煎等多种烹饪手法，调配出酸、甜、苦、辣、咸的味道，再辅以香料，掌握好火候，最后烹饪出佳肴。厨师做到所有这一切，也就相当于教师掌握并熟练应用学科知识。但饶是高级的厨师烹制出精美的佳肴，也未必能得到所有的食客一致认可，更不能保证食客都能大快朵颐。因为食客的口味不同，饥饿感不同，胃口好坏不同，乃至食用时的精神状态、心情也不同。当然，这就不是厨师的任务了，厨师烹调出佳肴，任务已告完成。但教师仅仅做好学科知识的研究，“烹调出佳肴”，还远没有完成教学工作。

还要研究学生。我们的教学对象不是物，是人，是鲜活的生命体。他们有喜、怒、哀、乐，有激情，有惰性，有追求，有心事，有专注，有散漫。不同的状态下，学习的效果就不同。要想有较好的学习效果，必须做好管理学生和激发学生的工作。管理学生是外在的，激发学生是内在的，内外兼修，方能使学生达到较好的学习状态。这里面有极大的研究空间，而且没有上限。

管理学生，就是通过规则和纪律约束学生的不当行为，约束住学生的懒、散、坏，确保学生有专注、认真、勤奋的学习状态。在这样的状态下，老师在学科知识上的研究成果才能得以实现。学生管理是纵贯教师职业生涯的研究课题，没有止境。规则的制定要合理而不严苛，要关注本质而不浮于形式。

比如课堂规则要关注学生的专注度和实效性，完成作业的要求不以量为标准，而以质为准则。规则的落实要刚柔相济，因人而异。皮实的学生要棒喝，敏感的学生要暗示。过刚则僵，过柔则废。不同的规则，不同的落实方式，会产生不同的效果。度的把握是一门大学问，值得我们持续深入研究。

激发学生，就是想法设法让学生动起来，激发学生学习的强烈欲望并积极付诸行动。孩子天然就有好奇心和探索未知的本能，为何会被动学习乃至厌学？原因大抵有两类，一类是没有产生兴趣，另一类是没有成就感。激发学生，既不能单一地施加压力，也不能一味地灌心灵鸡汤。老师要能在知识讲授的同时，传达学科的美感以激发学生对学科学习的兴趣。声情并茂地吟诗，陶醉地赏析佳作，条分缕析地剖析文章，传达文学之美；引导学生欣赏品味数学美的符号，美的公式，美的曲线，美的证明，美的方法，美的理论等；用理论推测和实验验证相结合去揭示物质的本质以及物质变化的本质，从微观粒子的运动规律演变到宏观世界的运动规律，欣赏化学之美……有位语文老师做班主任，用文言文为学生写个性化的学期评语，用古体诗为学生写毕业赠言、人生寄语，把语文以极美的姿态和知识学习融会在一起。学生学习的不仅仅是枯燥的知识信息和文字符号，而是知识之美，焉能不感兴趣？有一些老师为了让学生更重视本学科的学习，总是习惯性地把学科学习描述得很难很复杂，似乎越难越重要，越重要越应该被重视，可能会客观上迫使学生不得不重视，但却无形中让学生丧失了兴趣，失去了主动学习的内在动力，终是得不偿失。探索终致解惑，努力即能达到，就有成就感，老师要通过研究，设计梯级任务清单，让学生拾级而上；通过精要的课前导言、穿插概括归纳、课尾小结把学习过程与学习效果做逻辑性连接和对应，学生就能在每一节课堂上、每一次学习任务完成中获得小而实的成就感。激发学生，并不一定都要宏大叙事，旁征博引，借古喻今，小而实的成就感，每堂课的美的享受，学生无形中就如痴如醉地徜徉于学习大道。

最后要说教与学之间的桥梁。从教到学，从教师到学生，不是灌输和填充的过程。精准备课，学科知识研究到位，教师这一头准备充分了；学生对学科学习产生浓厚的兴趣，也有极大的动力，学生这一头也准备充分了。但这不意味着教学过程一定会畅达且高效，教与学之间还需要桥梁。这个桥梁就如同好吃的佳肴也需要精美的餐具和优雅温馨的就餐环境，也如同苦口的良药也需要裹上一层糖衣而利于口。教师也应该去研究教与学之间的桥梁。桥梁大致可分三类：一是基础之桥，二是载体之桥，三是氛围之桥。基础之桥，就是课前预习（自学），形成前认知，打好底子，如同药引子，为知识学习铺好基础之桥。载体之桥，就如同过河需要船舶、跳高需要撑杆、盛物需要容器，老师不能手捧着“知识”直接端出来，要辅以载体，让学生在熟悉的载体上接触陌生的、深奥的知识，更容易接受。比如小学数学老师引导孩子学习数字及数量时，常常会让孩子掰手指头或者摆弄小木棍，就是用手指头或小木棍做

“数字及数量”的载体。氛围之桥，表面的氛围是指课堂学习气氛，或活跃，或宁静，深层的氛围是指把学生置于“不愤不启，不悱不发”的思维状态。

由此可见，教师专业提升的领域在学科知识研究之外，还有管理学生与激发学生，还有教与学之间的桥梁。这两个领域常常被我们忽视或淡化，其实这里有广阔的研究空间，这里是教师专业提升的增长点，是教师业务研训的重头戏。只有这三者合奏，才能唱响美妙的教学之声。

撬动学科教学改革的支点

改革一般都有这样的规律：先易后难，先表后里，先近后远。学校的学科教学改革是难度最大、最核心、最重要的改革，也是收效周期较长的改革，是改革的深水区。经过多方位其他领域的改革之后，我们到了面临学科教学改革这个关口的时候了。学科教学改革之所以难，难在：一、学科教学专业性强，不宜简单地用行政力量去自上而下地推动技术革新；二、学科特点差异较大且教无定法，难以推行统一的、模式化的改革措施；三、除新建学校外，一般学校都以成熟教师为主，教学改革要想革新成熟教师的固有教学习惯，难度之大可以想象。但学科教学改革优化的必要性是毋庸置疑的，而且应该是持续长久的，只有不断优化精进，才能适应国家课程改革的需要，才能更适合学生实际需要，进而提升教育教学质量。

我打算做一个尝试，以语文学科为切入点，以问题为导向来撬动学科教学改革。分三步走：反思研讨，找出问题；对症下药，解决问题；形成共识，付诸行动。这种改革路径是常见的，但很容易在操作中套路化、程式化，最后变成轰轰烈烈开始，无声无息结束，不痛不痒，不了了之。我亲自全程参与这个试点，希望在过程中引导改革方向并探索务实可行的改革措施，实现以下目的和效果：一是为语文学科拓宽视野，引导教师从专业走向广博，从学科教学走向人的教育，从观点讨论走向行动务实；二是用辩证的思维、中庸的思想去引导语文学科教学改革统一到学校文化层面上；三是深入了解整个过程，为学校整体学科教学改革积累经验、探索规律。

一、反思研讨，找出问题

先让教学处组织语文学科组反思现阶段教育教学可能存在的问题，进行反思与总结。语文学科组很配合，先后开展了个人反思、小组研讨、集中研讨，最后梳理出如下问题：

跟设想的一样，老师们不回避、不敷衍，认真深入研讨，找出了很多问题。但教师对待问题的心态却不平静，内省较少，归因于外较多。把语文教学存在的问题归因于学生不喜欢，比如不喜欢做语文作业；归因于年级组不重视，比如不舍得给更多阅读时间；归因于语文学科本身，比如语文日常教学与考试效果的对应关系不如其他学科直接、密切……能够找出问题是好事，但如果没有客观理性地对待问题的态度，找问题就仅仅如同发牢骚了，毕竟找问题不是目的，解决问题才是。

我觉得我该出面了，在学科组会议上，我提出：

（1）对提出的问题分类：哪些是教学共性问题而不仅仅是语文的？哪些是语文学科共性问题而不仅仅是我们学校的？哪些是学科组共性问题？哪些是教师个体或备课组问题？

（2）以“与问题和平共处”的心态面对问题——有问题是正常的，问题的存在说明有上升的空间，查找问题不是追究责任，而是为了解决问题。有些问题可以马上解决，有些问题的解决可能需要一定时间才能见效，还有一些问题可能会长期存在。我们应该秉着务实负责的态度区别实质性问题与形式性问题，区别共性问题与个性问题，孤立的问题与系统性的问题。在共性问题上，我们追求比别人多解决一点，多迈一步；个性问题，则力求解决得更多更彻底。孤立的问题，个性化自行解决，系统性问题，系统性解决。紧抓实质性问题，暂时先忽略形式性问题。

（3）不敢说学生呈现的问题都与教师有关，但可以肯定地说，学生呈现的所有问题，教师都有责任、有能力去努力解决，这正是改革的必要性。

在这几个观点的指引下，教师们的心态平和了，方向和思路也逐渐清晰，开始专注于问题解决。

二、对症下药，解决问题

科组老师普遍认为，在学生学的方面，需引导学生养成良好的语文学科学习习惯；在教师教的方面，教师需要从分类训练、序列化教学等角度提高课堂效率，从频率和范围等方面提高作业检查的效度。

第二轮反思和总结结束后，语文学科组全体教师进行更深入、细致的反思总结，提出具体的“精进教学”措施：

梳理考点，序列化规划高考备考内容，有序推进教学进度；

分类进行作文训练，重点突破写作难点；

为学生做好考点过关记录，有针对性地解决学科问题；

以任务驱动学生达成早读目标，有效突破增分点；

以任务驱动学生落实大阅读要求，养成阅读习惯，形成阅读素养；

推动学生设立语文笔记本，引导学生养成整理错题、复习笔记、反思题例等习惯。

老师们提炼的改革办法不可谓不专业，不可谓不高明，但还只是局限于学科专业范围。深入研究学科知识，精心准备教学内容外，我们应该在“研究学生”和“集体智慧”方面做得更多。我从教育心理学、管理学角度提出以下观点：

1. 激发学生对语文学习的兴趣和动力

不同学科有不同特点，老师可以根据学科特点激发学生兴趣。文科与理科有较大的不同，理科更客观确定，标准相对统一，而文科有更大的主观性，标准更多元，这一点在日常训练或者普通考试中尤其明显。就语文学科来说，标准更多元，给分更主观，这可以恰恰可以成为撬动学生学习兴趣的杠杆。

比如，在作文方面，同一篇文章不同老师打分，最后结果不一样，都很正常，老师们都很难说清楚为什么多给或者少给了几分，这其中的给分差异确实就是掌控在老师手中的主观性，我们完全可以利用这一点差异作为杠杆撬动学生写作的积极性，让学生敢写，有信心写。“有信心写”，这是写作兴趣的开始。要敢于、舍得给学生作文打高分，甚至满分。绝大多数学生确实难以企及高考满分作文水平，但是总会有一些学生比较接近阶段性目标，成为一个群体里写作水平最高的人，那他的文章就可以获得满分。只有给予学生“追求优秀，追求最佳”的动力，给予学生“成为优秀，成为最佳”的信心，学生才会表现出对学习的最大兴趣！高分、满分，不完全是从科学标准出发，而是从教育心理学角度出发，从“最近发展区”概念出发，从群体的相对性角度出发。如果从科学标准角度看，满分就意味着完美，这常常会让学生望而生畏，容易让学生产生“习得性无助”，从而丧失兴趣放弃努力。如果把满分理解为群体里的最佳，这个“最佳”就是对优秀的、努力的学生最大的肯定，也是对其他学生的有意义有价值的鼓励和鞭策！兴趣可以是与生俱来的，也可以是培养的。培养兴趣的实质其实就是培养信心。有信心，就会有动力，有动力，则有兴趣。

作文如此，其他题目亦如此！

2. 激发教师“集体智慧”

集体备课是形成并汇聚教师集体智慧的最好方式，因此，集体备课的组织方式就尤为重要。在集体备课中，既要“民主”，也要“集中”。各抒己见，自由言说，甚至可以就学科内容而“针锋相对”，只为求一个最佳的结果，是为民主。但民主不是在各抒己见后，各行其是，更不是在闹哄哄的一场争辩后，没有解决任何问题却不欢而散。民主是为了最后的集中，是为了汇集集体力量，研究得出最符合教学规律的教学安排，最契合学生实际情况的教学方法等。所以，备课组长要发挥主心骨作用，组织备课组成员有针对性地提出问题，民主地讨论问题，科学地论证猜想，严谨地得出结论。在这样的集体备课后，个人应该遵循集体意志，执行集体计划，不可文人相轻，更不能意气用事，轻视共同的智慧。民主是为更科学地看待教学问题，集中是为了更科学地落实教学过程，二者不可或缺。

在这两个观点的指引下，教师们又再次讨论，拓宽和丰富了改革措施。

三、形成共识，付诸行动

对于改革意义、目的、方向与措施达成共识，是顺利实施改革的第一步，最重要的一步是实践，付诸行动。我提出：

1. 教师的自信心

教师应对自己的专业能力，对自己的业务水平自信，因为教师的气场可以感染学生，甚至可以震撼学生。如果教师对自己充满信心，那么学生也会对教师充满信心，进而对课堂、对学科成绩都充满信心。对教师与课堂的信心可以让学生在彷徨时清醒，在怠惰时坚毅，在对自己不自信时，依然坚定前行。

反之，如果教师没有足够的自信，唯唯诺诺上课，畏畏缩缩交流，再精准的知识投放也会让学生不敢接受，再清晰的逻辑也难以让学生信服。为师者从容自信的风范是让从学生坚定跟随的基础！老师的自信与底气同样是学生兴趣和信心的重要来源。

2. 教学管理

既要有自信的风范，也要有自主管理的意识。自信走进课堂，自信面对学生，自主根据学生情况把控教学进度，也自主根据自己课堂的情况管理课堂纪律。“我的地盘我作主”，科任老师是课堂的第一负责人，课堂有问题或有难题，都不首先推脱责任于班主任或其他层级的管理者。老师自信掌控教学使学生对课堂信任，老师自主管理课堂使学生对课堂信服，学生不轻视课堂，即不轻视学科，而学习的兴趣有时候需要这种学习的紧迫性、严肃性维护，学科教学改革也需要教学秩序去保障。

经过几轮的讨论，语文学科教学改革终于在达成共识后正式启动。我相信以这样的方式推动教学改革，比自上而下地运动式、模式化地推动改革要有效得多，因为问题的反思与提炼、解决问题的路径和方式、改革的本质意义和目标都是在大家的讨论中得以提出的，也都是在辩证思维方式和务实求真的态度下进行的。深水区的改革，专业领域的改革，没有经历充分讨论的过程，教师没有参与感，也就没有认同感，也就会失去改革的原动力。这也是我在这里详细叙述酝酿改革历程的缘由。

建设亲子餐厅的思考

寄宿制学校校门口几乎都有这样的场景：中午十二点左右、下午六点左右、晚上十点左右，很多车辆拥挤在门口，都是家长来找孩子的，多数是给孩子送一些美食。这样带来很多问题：孩子走出校门，班主任或值班老师要批请假条，班主任增加了很多工作量；门口车辆拥挤，停车难，这几个时间段刚好也是教职员工下班的时间，车辆进出，交通混乱；家长和孩子蹲在门口享受美食，常常难免会丢下垃圾，卫生状况堪忧。这些问题就会提交在学校管理会议上讨论：是存是废？如何管理？为此我专门找了一个周中（高峰期）的晚上站在门口观察。场面的确很热闹，有给孩子送衣物、用品的，有给孩子送汤水、食品、水果的，也有就和孩子说说话的。广东人擅长煲靓汤，也特别看重靓汤的滋养，一周见不到孩子，总要中途煲好一锅浓香的汤送到学校，看到孩子喝下去，满意而归。学生手持请假条走出校门，在一群翘首以待的家长中朝着脸上瞬间绽开笑容的那位走去。有的孩子一脸笑容、蹦蹦跳跳，有的孩子一脸愁容、心事重重，有的孩子平静如水、温润如玉。有的家长和孩子挤在车上聊天，有的蹲在路边吃东西，还有聪明的家长从车上拿出一个折叠小桌板，支在路边，摆上美食一起品尝。门口的场面虽然混乱但却温馨。

对这个问题，不同学校的态度有很大的差异，有的学校是不限制不鼓励，听之任之；有的学校劝说家长不要来送吃的，适度限制；有的学校干脆禁止，严防死守。我们的态度是：不仅不禁止，还要大力鼓励倡导并积极创造条件。

在寄宿制学校，家长和孩子的相见机会很珍贵，偶尔相见，也是时间短促，环境不佳。在门口吃东西的状态太狼狈，风里雨里高温下，极为难堪。我们开始谋划建一个亲子餐厅：在学校侧门围墙边建了一个约300平方米的简易餐厅，布置得温馨整洁。餐厅临围墙的一边上开一个小门，供家长进入亲子餐厅，但不能进入校园。餐厅临校园里面的一边开一个小门，学生可以进入餐厅，但不能走出校园。两门之间设一个岗位，由宿管阿姨在规定的开放时间内值守。亲子餐厅一经开放，立刻爆满，家长们非常满意，不少家长还要求再扩大面积。学生和家长都为学校的开明通达点赞。

我们为什么没有一禁了之反而要反其道而行之？这要先去分析家长来学校送汤水、美食，到底是为了什么？不能简单理解为是家长心疼孩子而来补充营养，也不能简单理解为家长想念孩子而来看望，其实家长们是借汤水、美食来和孩子交流沟通。孩子就读寄宿制学校后，每周回家一次，父母与孩子沟通机会少了，父母了解孩子在学校的情况比较书面化。不了解孩子的情绪变化、心理波动，不了解孩子的困惑和烦恼，也分享不到孩子的喜悦和成就，就无法给予孩子恰当的教育和帮助。限制或禁止的学校或许是担忧严谨统一的秩序被破坏，比如交通、卫生、食品安全等，也或许是担忧家长频繁探望，不利于孩子的独立自主成长。前者是以方便学校管理为前提，枉顾学生和家长的诉求，最不可取；后者是教育价值判断问题，倒是值得探讨。

如果把这种探望孩子的行为解读为溺爱，那么不去关心孩子的心理动态是不是应该被解读为漠视、严厉？如果仅仅把让孩子享受美食当作目的而不是当作与孩子沟通教育的手段，那这个行为就是宠溺，我们当然不希望孩子成为“妈宝男”“巨婴”。但如果投鼠忌器，断然漠视情感交流，期望把孩子培养成钢铁战士，那这个行为就是严苛。我们常常会在溺爱和严厉二者之间摇摆不定，溺爱和严厉是极端的两极，其实两极之间还有广阔的空间，叫作宽严适度，或者叫爱而不宠、严而不惧。空间之所以说广阔，就是宽严的度是因人而异，因孩子的性格特征、心理品质而宜。我们希望培养孩子坚强勇毅、独立自主的品质，但没有健康心理做基础的独立和坚强，其实如同生铁，坚硬却易脆，经不起锻压。没有丰富情感的滋润而成长起来的孩子，很难获得幸福感，也难以给予他人幸福感，即便事业成功却也可能唯利是图、薄情寡恩。水乳交融的亲子关系、师生关系是培养孩子健康心理的最好途径，也是孩子独立自主的厚实基石。我们通过建设亲子餐厅旗帜鲜明地鼓励并倡导家长来学校探望孩子，每每看到餐厅里亲子之间边吃边聊、其乐融融的场景，我心里都很欣慰。孩子走进亲子餐厅与家长见面时的表情就是情绪晴雨表，一个亲子餐厅变成了心理辅导室、情绪调节站、精神加油站，对于学校心理健康教育而言，一个亲子餐厅胜过若干个专职专业的心理教师。

限制或禁止的学校，其担忧也是有根源的。有几种可能：一种可能是认知角度问题，仅仅把家长送汤水这种现象看作生活行为，而没有深层次地看作教育行为。一种可能是管理理念问题，仅仅把管理理解为管住、理顺，而没有深入思考管理本质。学校管理的本质是有效组织和调动资源分配，最终有利于育人，有利于学生健康成长，而不是单纯地指向秩序严整。基于学校管理本位的立场和基于育人的立场，出台的教育管理措施和行为往往大相径庭。允许并鼓励家长送汤水，校门口交通、卫生、学生进出校门等秩序看似短时混乱，但因此促进亲子融洽交流，实则却形成了有序和谐的教育关系：亲子关系、家校关系。限制或禁止家长送汤水，一刀切地果决管制，表面的交通、卫生等秩序严整有序，但内在的教育关系却陷入隐形的混乱。对于学校而言，构建良好的教育关系比表面呈现的井然秩序要重要得多，抓住并因势利导用好俯拾皆是的教育契机比刻意设计的教育活动要有效得多。

学校管理者对于问题的解决，首先要去做教育价值判断，再做管理价值判断，二者合起来才是教育管理。这是教育管理与其他管理的不同之处，教育管理没有教育味儿，不尊重教育规律，就只剩下管理了，这样的管理在学校是行不通的。

挖掘教材功能研究“研究性学习”

实施以创新精神和实践能力为重点的素质教育，关键在于改变教育观念，重要的着眼点是改变学生的学习方式，当然也包括教师的教学方式。改变以往的单纯地接受老师传授知识为主的学习方式，为学生构建开放的学习环境，提供多渠道获取知识，并将学到的知识加以综合应用于实践，培养创新精神和实践能力。这就是研究性学习方式。新大纲，新教材，新课程计划，新高考模式都是围绕这项改革展开的。它具有开放性、探究性和实践性的特点。我尝试以高中化学教材为例来管中窥豹。

新教材呈现出新面貌，比旧版教材生动、丰富，其中设置的小栏目有“讨论”“插图”“资料”“研究性课题”。这些小栏目都从不同角度体现了培养学生形成研究性学习方式的改革思想。

一、讨论质疑 探究学习

我们的学生总是被动地记忆，理解教师传授的知识，而老师也总是把知识很“权威”地直接告诉学生，不管学生是否理解，辅以大量习题练习，学生在机械的习题练习中，逐渐“掌握”了知识。但长期在这种教学方式下，学生养成了被动学习的习惯，缺乏敏锐地发现问题，主动提出问题的能力。不少教育专家都尖锐地指出：中国的学生不敢说话，不善于提出问题。卢梭说，教育的问题不在于告诉他一个真理，而在于教他怎样去发现真理。新教材中的“讨论”正是在教学生怎样发现真理。在教学内容适时提出一些具有启发性的问题，供学生“讨论”。创设了问题情境，引起学生困惑，迷乱，怀疑等心理冲突。自然就激发了学生主动探究的欲望。孔子曰：不愤不启，不悱不发。学生在强烈的求知欲望驱使下，积极思维，大胆提出个人见解，勇敢地与周围的同学争论。争论中就有每个学生的自我分析判断，自我检查监控，自我反思矫治。这就是探究学习的过程，也正是在发现真理。如在复习完四种基本反应类型，又学习了氧化还原反应后，教材中及时插入“讨论”：这二者之间是什么关系。旧教材直接就把这结论提出来了，而新教材用这个讨论代替了原来的结论，现在的结论却在学生的讨论中产生。这个“讨论”达到的效果就不言而喻。教材通过一个个“讨论”框启迪学生，更重要的是教会学生发现问题，提出问题，养成探究学习的习惯后，逐渐在学生头脑中就有更多无形的“讨论”框。

二、提供信息 开放学习

学习知识本身不是目的，学习知识是为了更好地应用知识解决问题，认识自然的目的在于改造自然。传统教学的重心几乎完全落在理论知识的学习上，其应用也只是停留在习题中。旧版教材整篇都在讲述理论，与现实生活，社会事件关联的很少提及，就算有也是简要介绍，教学中也视为非重点。这样学生就在一种相对封闭的环境下学习，知识很多却知之甚少。常常学了很多化学知识，对身边随处可见的化工产品的原料，工艺等一无所知。新教材在这一点上大为改观，配有大量翔实、准确的“资料”，生动、丰富的“阅读”。给学生提供了大量的信息。这些信息把化学与生活实际拉得很近，让学生既学习了知识，又触及社会生活。如在学习完“化学反应中的能量变化”后，给学生介绍了常见的煤、石油、天然气三大化石能源在世界的储量分布，介绍了在人类的进程中能源利用的变化，强化了化学社会学。学习完卤化物，就介绍了变色玻璃，学习完卤族，就介绍了“海水资源及其综合利用”等等。这样学生的视野不只是局限在特定的知识体系中，而更多地投向广阔的空间。视野开阔了，思维开放了。

三、动手实践 体验学习

化学是一门以实验为基础的科学。实验就是把学生置身于一定的真实情景或模拟情景中，去经历，去感受，获得直接的知识经验。教材中都安排有学生实验，但这些实验从实验目的，实验装置，药品到实验步骤都详尽安排了，过于程序化。学生只是在模拟操作，机械地按照教材去组装仪器，按部就班地完成，然后去验证早已获知的实验结果，缺乏自主性和探究性，失去了体验学习的意义。这也是如今学生不太热心进实验室的原因。当然这些实验也有其积极价值。新教材在保留这些实验的基础上，增设了“家庭小实验”。如“制作冰袋”“检验发酵粉”“白纸显字”“测定雨水的PH值”等，这些小实验具有可操作性，趣味性，社会性，同时这些实验都需要学生自己设计、操作，对学生要求也高了，相反学生的兴趣也高涨了。学生在动手做“家庭小实验”的过程中伴随着需要的满足，心理的平衡，悟性的获得等内在精神活动，个体身心被全面激活，饱尝体验学习的喜悦。

教材中设置的“研究性课题”更是充分体现了研究新学习的探究性，开放性，实践性等特点。全面实施研究性学习尚有一定的困难，教材特意设置“研究性课题”就起到良好的过渡作用。

研究性学习对于培养学生创新精神和实践能力有重大意义。新教材这样的设计充分体现国家推行实践研究性学习的思想，教材就是改革的方向标。当然，教材也只是载体，关键在于老师在教学活动中起好导向作用，顺着新教材这个方向标指引的方向，坚决改变教学观念，引导学生从传统的学习方式向研究性学习方式过渡。

致广大而尽精微

——参与高三英语备课组的一次教研

在一次全市高三复习备考会议上，市教育局管雪局长问各高中校长一个问题：对于高三复习备考，各位校长最为关切的或者说最为担忧的问题是什么？这个问题问得精准、务实。校长们的回答中比较聚焦的是：最关切、最担忧的是效率问题，师生的投入不可谓不大，但一如既往地紧张忙碌过程中，是否走了弯路？是否低效运作而不自知？校长们最为关切，也是教学中最应该去解决的。那么怎样才算高效？如何做才能实现高效？

高效应该是，每一节课、每一次训练、每一次讲评、每一个教学举措，学生都有清晰明确的获得感，都有与师生付出的时间和精力相匹配的收获。反之，如果每一个学习过程中，学生的习得是模糊的，悟得是混沌的，或者投入大、收获小，仅仅是参与了、经历了、表面完成了这些学习过程，那就是低效。置身于其中，重复着每天的故事，对教学效率高低没有感知，是令人担忧的；如果能察觉到效率不高，却找不到办法，也就是能提出问题，却不能解决问题，同样令人担忧。对这两个问题的研究，是学校教学工作的常态，而且永无止境。这既是学科教学的专业问题，又不全是，还涉及管理学、教育学、心理学的范畴。老师们的学科教研常常是同质化研究，需要“外行”的介入，开阔思路，拓展思维路径。

我曾经深度参与了一次高三英语教研活动，对于英语教学来说，我是外行，但对于教育教学以及管理，我还算内行。希望通过这次教研，用外行的视角去触动内行，用广博去冲击专业。

这次教研活动，先请备课组的10位英语老师逐一发言，谈谈教学中的困惑和难点以及存在的问题。从大家的反思总结中，有这么几个焦点：

一、英语词汇的学习

高中英语词汇基本要求是3500个，备课组的教学措施很扎实，已经多次进行滚动式全覆盖过关默写。却出现一个怪现象：过关默写中，学生过关率很高，但在文本阅读和写作中又显露出词汇掌握不好。过关默写，耗费师生的时间和精力很大，效果却不好，这显然可以算效率低下了。如何解决？大家很苦恼。

我：词汇默写过关是通用的做法吗?

老师们：是的，我们在英语教学中一直都这么做，其他学校也是这么做。

我：掌握词汇是根本目的吗?或者说掌握词汇，就算英语学得很好了吗?

老师们：掌握词汇只是学习英语的手段，必要条件。

我：如果是目的，过关默写成绩好，就达成教学目标；如果是手段，过关默写就只是实现目的的方式之一，不是必须，手段是为目的服务，应该围绕目的针对性地设计手段。一味地采取过关默写可否理解为把掌握词汇当作目的而非手段了?

老师们：……

我：就如同对照照片识人，目前还停留在看照片能准确说出姓名。而词汇掌握的第二个层次应该是看着照片不仅能说出姓名，还能说出这个人的性格特征。第一层次是不是应该在高一高二阶段实现较为合适?第二层次的实现靠过关默写能完成吗?不能说过关默写措施不好，而是在哪个阶段针对哪些学生应用才最好。

老师们：明白了，我们依然在沿用老办法，用错了时机，过关默写是机械记忆，就只是在第一层次打转转，孤立地学习词汇，练得越多越僵化，掌握的面越窄。只有记忆，不会应用。

我：那现阶段用什么措施比较适合?怎样才能深入了解

照片上的人的性格特征？创设条件，在活动里多交往，才会更深入更全面地识人。这是认识了解人的一般规律，对于英语词汇学习，是不是也是同理呢？事物千千万万，但对于学习，它们都是对象和载体，学习本身的本质规律在最深层处又是相通的。

老师们：回到英语学习上，那就是放在文本阅读中理解词汇并掌握词汇。英语词汇一般都是一词多义，在不同的语境中，学生会有对比、有归纳，学习得更灵活。

值得深思的是，这次讨论，其中的道理并不深奥，但为什么我们会很容易忽视对惯常措施的检视？为什么我们会对事物的运动变化熟视无睹而习惯性走惯常的路？不能简单给老师们扣上责任感不强、思维懒惰这种大帽子，这不是态度问题，而是思维方式单一和知识结构狭窄所致。

二、听说训练的定位

广东省的英语高考有一个题型是听说计算机辅助考试，每年3月初全省统一考试，所得分数计入英语高考总分中。各高中一般都会专门进行听说训练，应对这次听说高考。我们的听说训练不理想，现在怎么办？

我：汉语是我们的母语，一个高中语文老师，专业学习汉语的，是不是可以确定他（她）在类似的中文听说训练中应对自如？

大家都笑着说：不一定。

有位老师发言中说：他曾经做过一个对比实验，让学生正常作答和让学生拿着答案作答，分别判分。如果正常作答得分明显低于对照答案作答得分，说明学生的英语理解的综合能力不足，如果二者得分相近，说明问题出在学生的听力和英语表达上。对比实验的结论可以用来对学生进行分类教学，让学生制订个性化学习方案。

我很赞赏这位老师的做法，他不是仅仅凭经验或依赖惯性，一味地要求学生反反复复地做听说训练。而是用研究的思路，通过对比实验科学地诊断出不同学生的问题所在，再针对性制订学习方案。这是非常理性且智慧的思维。

我依然问：听说训练是英语学习的目的还是手段？

老师们说：对于听说考试时是目的，对于英语学习是手段。

我：那么我们应该怎么看待听说训练？又怎么开展听说训练？

老师们：……

大家在讨论中达成共识：任何语言学习都应该是在交流中融会贯通，英语是外来语言，不是我们的母语，日常交流的机会很少。我们应该珍惜听说训练的机会，高度重视听说训练，不能仅仅应对听说高考，而要作为高中英语教学的一部分。从高一开始就要在课堂上进行专门训练，3月听说高考结束后，也不能停下。

我很高兴达成的这个共识，这不就是语言学习的本质规律吗？这不就是教学与考试融为一体不割裂的典例吗？其中的道理，在各种专业培训中，名师或专家都应该讲过，但只有经过这样的深入且亲身讨论，大家才会入脑入心，才会理论结合实际，才会清晰坚定。这也给教学研训一个启示：参与式、讨论式、启发式比讲座要有效得多。

三、英文书写水平的提升

在英语考试阅卷实践中，英文书写水平与得分关联较大，提高英语书写水平也就成了英语教学的一部分。各高中都非常重视学生英文书写训练，网上热议的“衡水体”就是极致的代表，我们每天也有10分钟的书写训练。老师们谈到学生在书写训练时态度比较端正，书写效果也比较好，但一到考试就原形毕露了，看不到训练成效。

我：原因呢？

老师们：日常书写训练时写得慢，一笔一画，规规矩矩，考试时时间紧，书写太快，反复叮嘱要重视书写，不要操之过急，但效果总不好。

我：我们能不能换一个角度，与其反复叮嘱考试时放慢书写速度，不如日常书写训练时加快书写速度，用考试的速度和书写状态来训练。哪一种更容易实现？或者说哪一种更符合现实？

大家很容易就选择了后者，考试时间紧迫，放慢速度是不可能完成的任务。这就好比军事训练和演习，只有做到“像作战一样训练，像训练一样作战”，才能让训练效果在战时起到作用。

当反复叮嘱没有效果，就不能简单抱怨学生不听话、不认真，而要从学生角度去理解、去分析。不能把叮嘱和训导当作教育的优先选项，而应该把要叮嘱和训导的内容融入或者转化为科学合理的措施。我们最应该研究的是各种措施而不是各种训导的话语。遗憾的是，教学实践中老师们最常用的还就是反复叮嘱和训导，效果不佳，就对学生产生各种抱怨和失望。

从这次教研活动讨论的若干问题中，我抽出这三个英语专业性没那么强的话题在这里剖析，是想说一个教学管理的道理。教与学之间，除了学科知识教学、思维训练和能力培养之外，还有教学组织与教学管理的问题，而这恰恰是学科教师容易忽视的，或者说也是关注和研究较少的。对这个问题的忽视，会直接导致教学效率低下。

综合上述三个话题的讨论分析，有几个共性。

1. 对症下药却没有辩证调整，习惯性地走惯性的路

为解决问题而对症下药，本是良方，比如词汇掌握不好，采取过关默写的办法，应对听说高考，开展听说训练，书写很重要，就开展书写训练。但良方不是一劳永逸，普适众人的。中医强调辨证，望闻问切四诊是辨证的前提，辨证是治疗的依据，治疗的效果又是检验辨证正确与否的标准，这三者的有机联系成为中医诊断和治疗疾病的基本规律——辨证施治。教学中的问题解决也是如此，同样的问题，要看出现在什么阶段，出现在什么学生群体身上。针对一个学生的个别教学、10

个学生的小组教学和50个学生的班级教学，方式方法应该是不同的。但长期的班级授课制让老师们习惯于解决集体问题，发现和解决问题，都是从学生集体中用统计概率思维出发，而概率是不会照顾到个体个性的，这样必然会让一部分学生空耗或误诊误治。所以，不能习惯性地走惯性的路，只有对习惯的良方进行因人因时因地地辩证调整，才能真正解决问题，提高效率。

2. 刻板僵化中偏离了教育规律、学习规律

教学中，为了解决学生知识、技能掌握不好的问题，加大训练的数量和频次，是我们惯常使用的法宝。词汇掌握不好，过关默写训练；听说测试效果，加大上机训练力度；书写不理想，每日必练字……练！练！练！是我们最容易想到的办法，短时间也最容易见到成效，"一万次定律"常用来教育学生，训练量就越来越大，频次也越来越密。训练必不可少，但刻板僵化地重复，就偏离了教育规律、学习规律。学习应该是在理解中融会贯通，循序渐进，即便是重复训练，也要有系统规划，针对性调整。不可急功近利，死拼蛮干，否则就是高消耗、低效率。

3. 缺乏对学生学习感受的觉察和应对

学生是鲜活的生命体，有喜怒哀乐，有激情澎湃的时候，也有低落颓废的时候，有自信满满的时候，也有悲观自卑的时候。学生不是完人，学习状态也不是理想状态。我们要接受这个事实，并能在教学组织中及时敏锐地觉察学生学习感受的变化。根据学生情绪、状态的波动变化，针对性调整教学措施和育人组织方式，让学生情绪与教学行为更为贴切，学习效果波浪式前进，螺旋式上升。教学组织，要特别重视与学生合作，既要会“顺毛捋”，又要会“逆风上”，片面地施压，片面地统一号令，都有可能遭到情绪抵抗，带来的必然是内耗与低效。

提高教学效率，是一个永恒的研究课题。单单从学科专业的研究着眼远远不够，要从教育学、心理学、管理学上深入研究，在教学组织和育人管理上狠下功夫。对于学校管理者以及专业教师，追求专业不能画地为牢，坚持学科专业性的同时，更应该吸纳广博的知识，致广大而尽精微！

动静结合

呼唤循序渐进教育原则的回归

国家“双减”政策的出台，以我理解，其本质意图并非简单为学生减负，而是改变当前基础教育扭曲的现状：急于求成、揠苗助长，违背教育规律。择校热、学区房等现象反馈出家长对孩子教育的功利化追求，也反映出区域之间、校际教育发展的严重不均衡。这些因素都会给学校带来巨大的压力，使得学校之间的竞争愈演愈烈。学校为了迎合社会、家长、学生的需求，被动着、也主动地采取更为急功近利的教育方式。当然取得的短期教育成果更加刺激了社会、家长、学生对这种教育方式的认同和渴望，二者相互促进形成一个越陷越深的旋涡。然而，这种教育方式越来越远地偏离自然教育状态，偏离基本教育规律了。人们渐渐失去耐心去遵守循序渐进这一教育学基本原则。教育学对循序渐进的描述是：循序渐进原则要求教师在教学中必须遵循各门学科知识内在的逻辑系统和学生的认识发展、知识积累和能力发展的规律进行教学。我国早在《学记》中就有“学不躐等”和“不陵节而施”的说法。美国心理学家布鲁纳提出的“认知结构论”，苏联教育家赞可夫提出的教学与发展相互作用的理论，都是强调学生要掌握特定的知识体系。当今教育要呼唤循序渐进原则的回归！

以高中为例，教学安排现状是：提早结束新课、进入复习阶段，三年的课程两年完成，甚至压缩在一年半完成，高考学科的实际周课时都远远超过新课标要求。这就带来连锁效应：一是国家课程不能开齐开足，非高考科目的课时不能保证，特别是音乐、美术、信息技术、通用技术、心理等学科，能减就减，能合并就合并；二是校本课程、综合实践活动形同虚设、应付了事；三是周六、周日、寒暑假以及其他节假日都大大缩水，用来提前完成教学任务。

高考学科的教学现状是：为了贴近高考、紧扣信息，每年高考一结束，全国各地的高考题很快就被分解到高一、高二对应阶段的课堂上。更有甚者，组织高一、高二的学生直接测试高考整套试题（主要是语文、英语），以检测与高考水平的差距，以便教学有的放矢。但高考毕竟是对高中生最终水平的测试，不论难度如何，试题的综合性、严谨性、技巧性都不是未经过系统训练的高一、高二学生所能应对的，这样的高考试题测试没有意义，徒增焦虑，从这个侧面就可以反映出学校和教师的急迫心态。学生一进高中校门就直奔高考，踏进校门的第一天好像就是为了高中的最后一天，完全忽视了高中三年的精彩每一天也是高中生的重要人生经历。这种"截弯取直"的做法违背了循序渐进的教育原则。其结果就是教师、学生耗费大量时间去夺取"分数"高地，教师、学生异常的辛苦换来的却是情感经历、人文关怀的缺失，以及学生综合实践的体验和能力的缺失。

教学的循序渐进原则是科学知识本身的特点决定的。任何科学知识，都具有严密的逻辑系统，学校设置的各门学科都是以相应的科学体系为基础，并考虑到教学方法上的需要。同时，学生在学习过程中一般是沿着从已知到未知，从简单到复杂，从生疏到熟练的顺序进行的，所以循序渐进原则也是学生认识规律的反映。学校可以从以下几个方面来贯彻循序渐进原则：

（1）按照国家颁布的课程标准，开齐开足国家课程，重视校本课程的开发和综合实践活动的开展。非高考学科及课程与高考学科构成一个完整的体系，是实现五育并举的必要手段。基础教育的课程就像孩子的食谱，偏食会导致营养不良、不健康成长。这是循课程体系之序。

（2）教师的教学安排要根据学科知识体系并结合学生特点有序、递进的设计。每学年学生应该学习什么知识，掌握到什么程度，能力素养达到什么水准？应该是教师面对学生首先要搞清的问题，然后才是有步骤地推进教学。这是循知识体系和认知结构之序。

（3）根据本校学生特点对教材校本化开发。各学科教材是根据学科知识的逻辑程序组织编写，但无论编写得多么完美，都未必与具体的学生完全吻合。教师需要对教材进行二次开发，“通过对教材的‘再度开发’来保证学生所接触的教材是‘安全’而有教育意义的”。这样二次开发的教材呈现的知识就更接近本校学生的认知规律和知识本身的逻辑阶梯，达到了循序渐进的效果。

（4）根据本校学生特点对教辅资料校本化开发。随着教辅市场的需求量增大，教辅资料越来越丰富，教师、学生对教辅资料的依赖性也越来越大，甚至出现抛开教材只用教辅的现象。可不幸的是教辅资料编写得越来越详尽、庞杂，高一、高二的教辅大量充斥着高考试题和考点，高三教辅就像一本学科全书、词典。如果不对教辅进行内容遴选，大量信息不分主次、先后，不讲逻辑结构，一股脑塞给学生，其结果就是学生被呛着、噎着，落得个消化不良、夹生不熟，更可悲的是学生却为此耗费了大量的精力和时间。教师应该按照针对性、递进性的原则对教辅资料进行内容遴选、删减，以达到循序渐进的效果。

（5）根据本校学生特点对教学目标校本化设计。教学进度和目标不应该完全依纲照本，更多的应该是根据给本校学生设定的标准以及学生现有的水平来适时调整，盲目地赶进度、提高目标只会适得其反。学生从接触知识到熟悉再到应用，是一个渐进的过程。在急功近利的教育环境下，教师在教学内容上贪大求全，在教学效果上又有过高的期望值，往往希望学生课后就能够熟练应用，新课结束就马上用高考题检测与高考水平的差距，越过了认识、熟悉的阶段，学生当然不能达到期望。“实践出真知”，实践也是需要时间和经历的。中国古人强调“悟道”，悟也是需要时间的。朱熹认为：读书的方法，在于“循序而渐进，熟读而精思”“未得乎前，则不敢求其后，未通乎此，则不敢志乎彼”。如果我们能够把目标根据本校学生的特点和层次分解成一个阶梯式的系列，按照三年六个学期分阶段依次推进，学生的学识、能力、素养拾级而上，教师和学生都会有芝麻开花节节高的感觉，双方都有成就感、幸福感，进入一个良性循环，师生都能最大化发挥潜能，教学的效率自然就高了。

教育的循序渐进原则是人的发展性特点决定的。叶圣陶说：“办教育决不类似办工业，因为受教育的人绝对不是工业原料。”学生像一个小苗，按季节、时段和需要，精耕细作、浇水、施肥、除虫，再经历风雨的考验，才逐步茁壮成长成参天大树。急功近利的结果是教师和学生在过程中都有挫败感，双向恶性循环，对教师的教和学生的学的积极性都是打击，这种信心的打击像一座沉重的大山，师生背负着大山艰难地走过三年，其效果可想而知。所以常常是教师眼中的学生总是一届不如一届，作业总是完成不及时，课时总是不够用，成绩始终不如人意。学生就会产生焦虑、自卑的心理，对教师的依赖性越来越强，自主独立性越来越差。教师如果有循序渐进的心态，就会平和、客观地看待学生的成长，就可以包容学生在成长过程中的错误和不足，才能体会到学生一点一滴地如同禾苗长高、花蕾绽放、暖春融冰般的进步。

呼唤循序渐进原则的回归是教育本原的回归，同时也是提高教学效率的重要手段。现今教学最大的弊端就是高时耗、低效率，核心就是急功近利反而压制了人的主动性。遵循循序渐进原则才可以释放人性，教师、学生可以最大化发挥潜能，这对于人的培养和高考成绩的提高都是双赢的。

参考文献

高慎英，刘良华. 有效教学论［M］. 广州：广东教育出版社，2004.

推行全员导师制的一波三折

班级授课制的优点非常明显，可以大规模地向全体学生进行教学，扩大了单位教师的教学能量，有助于提高教学组织效率。固定的班级人数和统一的时间单位，有利于学校合理安排各科教学的内容和进度并加强教学管理，有利于学校开展系统化教学，加快教学速度。但其不足也很明显，教学活动多由教师做主，学生学习的主动性和独立性受到一定程度的限制，教学时间、内容和进程都固定化、形式化，不能够容纳和适应更多的教学内容和方法，强调的是统一，齐步走，难以照顾学生的个别差异，不利于因材施教。在不可能改变班级授课制的情况下，最好打个补丁，弥补其不足，全员导师制就应运而生了。

我们推行的全员导师制的制度设计很清晰：1. 把班级的学生根据一定的原则分成若干个小组，科任老师各负责一个小组，担任组内学生的导师；2. 学生分组的原则可以是根据兴趣爱好、同学友谊自愿组合，也可以根据学科学习的强弱搭配或同项归类，还可以通过师生双向选择的结果进行组合；3. 导师的职责是跟踪了解、分析组内学生的学业情况，指导、督促、帮助学生提高学习效率和效果，关心学生的心理健康、情绪波动以及帮助学生排解成长中的困惑、烦恼，简言之，导师就是学生的人生导师、学业指导师、心理健康导师；4. 不改变行政班级的运行规则，导师引领和小组合作相结合，活动时间大多在课外，导师是班主任的细化和补充。导师制的目的也很明确：把班级化整为零，尽可能实现因材施教，让每一个学生都尽可能多地接受到老师的关心和指导。还有一个不便言说的目的，学校基本都存在这样的现象，班主任负责学生管理，科任老师的管理意愿和主动性很低，学校希望通过导师制把所有科任老师都纳入学生管理体系中，加强管理力量。看起来，制度设计是完美的，无懈可击。但真正推行起来，困难重重。我们在推行过程中可谓一波三折，最终效果差强人意，与制度设计的目的相差较远。

一开始轰轰烈烈。学校德育处组织各年级组先做制度设计，制定出小组划分原则、导师选配原则、导师工作职责、工作方式、工作时间和地点，开展导师培训。年级组组织班主任落实小组建立、导师选配、导师聘任仪式、导师学生见面会。首场活动热热闹闹地开展，但喧嚣之后很快归于平静。一两个月之后学情调查中，很多学生反映导师制存在感很低，更为离谱的还有导师记不清组内学生姓名，学生也不记得自己的导师是谁。问题归因倒是不难，班主任制深入人心，已成惯性，导师制是新鲜事物，导师们没有进入角色。聘任仪式之后，自己的职责就如同抽屉里尘封的聘书，被原有习惯性的工作覆盖了。也就是说，没有去落实。

只好祭起行政管理的大旗。设计导师工作记录册，师生分别记录工作过程，工作留痕，年级组定期检查，学期末根据工作过程和效果对导师做绩效考核。尽管在推行导师制工作之初，我们还刻意回避此类烦琐文案工作，也不想与利益挂钩。我们认为导师的工作是隐形工作，是教育良心，是基于导师对学生的爱和责任所做的主动教育行为，不希望通过文案检查把导师工作“逼成”显性工作、形式工作。但冰冷的现实把我们也逼回原点，导师制不仅仅是教育理想，不能单纯依靠导师的教育情怀，不能完全寄托于导师自觉自愿。一番操作下来，工作终于被推动起来了，课外时间校园里经常可见导师在找学生谈话，在组织小组活动，记录册上也记录得满满的，导师绩效考核、分等级评选也在学期末给导师制阶段性画上句号。但现在说导师制工作圆满实现还为时尚早，新问题又来了。学情调查反馈，学生似乎并不买账。学生反映效果不好：导师作为学生的人生导师、心理健康导师，指导不专业，停留在表面，不能触动人心；学业指导倒是专业，但是时间很少，频率很低，聊胜于无；导师介入学生生活，耽误学生时间；不少学生对自己的导师不满意，在第一个阶段里导师少作为，学生生活没有改变，对导师也就无所谓满意与否，现在深入进去，学生对导师有了要求而且还不低。导师们也不满意：耗费了老师很多时间和精力，学生反应淡然，而且导师制的很多工作变成了文案处理。年级组也不满意：通过检查书写得满满的记录册，发现有些记录在册的活动未必真实发生，最初担忧走向形式主义，现在偏偏就真走进了这个死胡同。管理层、教师、学生都忙起来了，却都不满意，那肯定是有问题的。

继续总结反思调整。在导师制专题工作会议上，我们讨论过导师制存废问题：如果无法有效实施，不如干脆停止，恢复原状；讨论过导师制实行范围：既然不是所有的教师都具备做导师的能力和自觉，不如缩小范围，只针对尖子生、临界生或后进生开展，然后精选导师。经过了激烈的讨论，我们达成共识：既然制度设计和实行目的没有问题，既然全员导师制是为了完善班级授课制，实现因材施教，给予每一个学生尽可能多的关心和帮助，那就应该尽最大努力去克服困难、解决问题。最终我们还是决定坚持推行，继续优化。我提出几个观点：1. 管理体系和组织架构再精细化，从理想的制度设计走向务实的实际操作。2. 显性工作和隐性工作相结合，责权利挂钩和教育情怀相结合，坚持推行，让导师制成为新的工作习惯。3. 不搞一刀切，不要自上而下地统一号令，制造出假繁荣。要发动学生，自下而上，让学生主动向导师发出要约、提出要求以促进导师动起来。4. 不单向积极，学校和导师不要一厢情愿帮倒忙，要充分了解学生需求，先和学生做朋友，构建更为亲近的师生关系，针对性指导和帮助。5. 不追求一步到位，导师制工作推进之初，找先进，寻榜样，以点带面。工作成熟后，找后进，实现全员覆盖。

重新再出发。经过讨论，我们重新定位导师制的工作性质，不能把导师制实施为一项刚性的工作，要让导师和小组的学生形成一个融洽的“熟人社区”，师生成为朋友，在友谊的基础上，一切教育行为都是爱，一切爱的体现都是教育。我们取消了导师绩效考核，把导师制工作记录册改为小组成长纪念册，不用于检查，仅用于记录温馨成长过程。还通过建立小组家长微信群，邀请家长参与小组活动，举行师生联谊会，促使“熟人社区”的形成。如果说，规定导师的职责与任务、工作地点与时间是刚性的、显性的工作，我们调整方向，把这个显性工作放在次要位置，把营造“熟人社区”这个隐性工作放在首要位置。也就是说，先致力于营造“熟人社区”，让导师与学生之间，组内学生之间建立起和谐、温情的友谊甚至是亲情，有情感做土壤，刚性的、显性的任务就会自然实现。同时，我们接受导师制没有全员落实的现状，乐见一部分导师积极开创出好的局面、积累好的经验，也允许一部分导师步伐慢一些，质量暂时低一些。让老师身边的榜样去带动、去影响他人，让枝蔓渐次铺开，让子弹飞一会儿。这种改变和调整，不是对导师制推进无力的无奈应付，而是更加遵循教育规律，顺应教育规律。

回头看全员导师制推行过程中的一波三折，颇多感慨，也颇多启发。校园里的教育改革，首先应该是理念的改变，其次是教育行为的渐次习惯化、逐步常态化。任何教育行为和措施，都应该建立在师生和谐友好的关系上以及师生浓郁的情感基础上。这既是教育的本质属性，也是教育的特殊规律。这对于在学校推行其他专项教育教学改革都有借鉴作用。

人工智能会引发教育巨变吗?

人工智能技术飞速发展，已在很多领域实现广泛应用，在一些关键领域有重大突破。央视有了AI主播，教育界出现了AI教师。技术的飞速发展，必然带来社会的深刻变革。有先行者惊呼，人工智能时代已来，教育必将面临巨大变革。未来教育的理论研讨和实践探索风起云涌，不少专家、学者们言必谈AI，几乎都是用急促紧迫的语调，快闪式的图文信息，蒙太奇的手法把人工智能技术的应用讲得刀光剑影，把教育变革描述得迫在眉睫。听得人眼花缭乱，头皮发麻。这样的先知先觉论调，很容易让人产生焦虑感。人工智能时代，必然会带来教育的巨大变革而且还是那么迫在眉睫吗？我持否定态度。

对于人工智能技术的飞速发展以及对人类社会的影响，我们欣然面对并积极投身于其中，大可不必对技术的飞速发展产生的变化过于焦虑。技术飞速发展，引起社会巨变，但变中有不变，不变中有变。

首要不变的是人类社会的永恒主题：生存与发展。人工智能技术也是基于这个主题而发展的，不是与之背道而驰，更不是与人类作对。那么技术发展引发社会变化，也一定是顺应人类，在人类逐渐适应的过程中进行的。或者说技术进步、社会变化、人类适应并发展是基本同步的。技术进步不可能造成人类极大不适应，因为技术进步、社会变化，也是人类自身在推动。技术的发展可以飞快，但推广普及也需要等待人的使用。人类也会在技术进步和社会变革中潜移默化地适应并发展。

人类社会一定有其自我调节功能和自净功能，毕竟技术进步是为人类的生存与发展服务的。如果技术进步偏离了这个方向，在人类社会发展的历史长河里，一定会被阻止或淘汰。

“人工智能技术会导致若干人失业”“机器人会导致多少个工作岗位消失”……总有这样的新闻层出不穷，无形中让人焦虑万分。但也有这样的研究报告，2018年世界经济论（WEF）发布《未来就业报告》预计：2022年全球7500万个工作因人工智能而消失，然而又会有1亿3300万个新职位产生。变化的是工种、岗位，不变的是工作本身。只要有人类，就需要有工作存在来满足人类生存与发展。如果工作岗位净减少，可能是创造出的资源和财富足以满足现有人口的生存和发展，人不是必然要高强度、超负荷工作。人类生存的危机可能来自技术进步导致资源加快消耗，而不是技术本身。

还有一个现状，那就是世界极不均衡，社会差异很大。先进和落后会并存相当长时间，社会发展不会齐头并进。1888年，奔驰生产出世界上第一辆供出售的汽车，汽车并没有马上遍布全球，马车也没有瞬间消失，汽车和人力车、畜力车并存长达近百年。直到今天，自行车依然广泛使用，甚至现在又再度普及。

面对人工智能对社会的冲击，我们不必焦虑，也没理由焦虑。焦虑的人和充满信心的人倒是有一个共同点，就是都会想到教育，充满信心的人坚信有教育在，人类一定能适应变革，焦虑的人急着改变教育。在忧心忡忡、心急火燎地要改变教育的人的口中，有几个话题常被提及，一个是代沟引起的教育焦虑，一个是反复被提起的杜威的“名言”：如果我们用昨天的方法教今天的学生，我们就剥夺了他们的明天。（这句话是否是杜威所说，还有待考证）

先说代沟，其实代沟的存在也是常态。每一代人都是在社会进步中成长—代沟—落伍—衰老中度过。今天我们对孩子的二次元世界不理解，正如当年父母对70后、80后玩魂斗罗、俄罗斯方块不理解，是一样的。现在70后、80后已站在世界舞台的中央，今天的孩子也必然会活跃在未来世界舞台，挑起社会发展的大梁。对代沟的焦虑其实是：年轻人急于立足成为独立的人对上一代人的挑战，年长的人在衰老的逼近下落寞心态的潜在体现。自古就有代沟，而且现在的社会，代沟矛盾是在缓解而不是加剧。因为教育程度提升，家庭伦理民主开放；世界是平等的，获取信息的平台是开放且便宜的。相互理解的意识和能力在增强，亲子关系在改善，和解远超过对立。两代人的差异在缩小，对立在减弱。所以，对代沟的焦虑不是对现在教育焦虑的理由，甚至，对代沟的焦虑都是不必要的。

再说杜威的这句“名言”，这句话未必成立。其实从来都没有完全用过去的方法在教现在的孩子，教育方式一直在随着社会发展而渐变。教育是延续的过程，从来不会存在过去与现在的完全割裂。焦虑的人总希望现在的人用未来的教育方式教育现在的孩子，才能让孩子适应未来，但其实现在的教育方式是帮助孩子打好基础，培养基本能力和核心素养，让孩子去适应并创造属于他们的未来。不可能现在就通过教育让孩子武装到牙齿，让未来等待他们的到来。学校教育不能包办一生的教育，现在的人是不断学习，终身学习，在适应社会变化而向更高级进化。不必担忧现在的年轻人不如未来的人，只需关注现在的年轻人与过去的年轻人相比是否有进步。因为未来的人就是现在的年轻人成长而来，而过去的年轻人却是现在即将老去的人。

人工智能技术的飞速发展对教育的影响是什么？会引起教育巨变吗？

信息技术的发展引起信息大爆炸，但在这个过程中，信息变化极快，知识变化较慢，思维变化最慢。信息—知识—思维，越向深处，变化越小、越慢。特别是基础教育，教与学的不是信息，甚至都不完全是知识，而是思维。信息只是知识的呈现方式，基础知识是学习的内容之一，又是思维学习的载体。对于基础教育而言，经典的、传统的、基础的知识变化并不大，思维方式本就不会有大的变动和跨越。所以信息技术、人工智能技术的发展，给教育带来的变化不是教育方法和教育原理，而是教育技术手段。孔子的“因材施教”“有教无类”跨越两千多年依然熠熠生辉，并没有因为现代技术的发展而褪色。教育技术手段的变革会帮助教育方法、教育原理实现得更加充分，但不会导致其发生巨变。

世界归根结底是人的世界，一切全在你持何种态度，如何行动。我是一个积极的现实主义者，谨慎的理想主义者。对新技术的进步，社会的变革热情拥抱，对教育的变革谨慎积极。作为教育工作者，尤其是校长，肩负的责任重大，不宜对教育变革做狂热的巨变式折腾。因为每一个孩子的每一个成长阶段都是不可回溯、不可重复的，时光如逝，再不复来。我们对教育变革不能有赌徒心理，不能急功近利，更不能毕其功于一役，期望一举扫平旧世界、开辟新天地。叶澜教授说：“一个轻率的创新、选择或决策，带来的后患是影响一代人甚至几代人的生命成长，教育真是来不得半点冲动、图新而不顾后果的事。”我坚持要为每一个孩子每一个成长阶段负责，充分利用人工智能技术改进教育技术手段、丰富教育资源，积极、稳健、健康地推进教育变革。

三水中学"大阅读"实践与探索

2016年，教育部颁发了《中国学生发展核心素养》白皮书，要求教育要以培养"全面发展的人"为核心，着力培养学生人文底蕴、科学精神、学会学习、健康生活、责任担当、实践创新等六大素养。这是高瞻远瞩的教育纲领顶层设计。

2017年，《普通高中语文课程标准》出台，推出第一个学习任务群就是整本书阅读，"整本书阅读"逐渐成为一个语文教学专用术语，超越了泛泛的读书倡议，而具有越来越清晰的课程价值与教学意义。时至当代，中学生的阅读状况普遍不如人意。虽然，由于阅读媒介多样，阅读资料丰富，中小学生似乎不乏阅读的材料，然而，长期以来繁杂的生活将人的时间切割得支离破碎，现实的功利又让人不能静下心来专注于一，所以，碎片化的、片断式的阅读之势持续不衰，更有臻于鼎盛之状。碎片化阅读不可怕，可怕的是碎片化思维，碎片化阅读所能承载的知识文化的横截面，难以成就思维的发展与提升，反而容易让阅读视野日渐狭窄，让思维落入简单杂乱的境地。“整本书阅读”任务群则肩负了引导师生摆脱浅阅读，进入更深思维层次阅读的使命。

阅读再一次在语文课程发展中被提到一个相当重要的位置，我觉得这是一个契机。彼时我正在思考一个问题，拟在学校大力推动一项阅读工程，以期让我校语文课程建设和校园阅读工作有一定突破。我们在制定《三水中学发展规划》时提出，要把三水中学打造成师生幸福生长的地方。而阅读，无疑是实现幸福生长的一条重要通道。朱永新说，阅读是最好的德育。我们对经典的阅读，足以让我们自己，让我们的下一代欣喜地接受生命，传承生命精神，拥有幸福的能力。我想，我们是不是可以把核心素养目标、语文课程发展目标、师生幸福生长的学校发展目标三位一体地来考虑。基于这一背景，我们便从硬件和软件两个层面着手推动我校的大阅读。

硬件方面，高规格对阅读环境进行更新升级。与广东教育书店有限公司合作，对图书馆进行了全面改造升级，打造了一个管理智慧化、服务舒适化的北欧风格阅读空间，同时还对四栋教学楼的架空层打造成以“琴棋书画”为主题的阅读书吧，给学生阅读提供便利的条件。外部装修完善后，还对馆藏图书量进行了有效补充，充分营造良好的阅读氛围。

软件方面，让语文科组着手规划并实施核心素养理念下致力于学生幸福生长的大阅读。

应该说，四年多来，核心素养理念下以语言积累、思维发展、滋养心灵、丰盈生命为旨归，以“四读三有两得”为路径，以目标驱动、书目引领、课前推进、时间保证、积累遥控、读写绘结合为特点，以活动促精读、以评比促细读地致力于学生幸福生长的我校大阅读实践与探索从无到有，不断优化，取得了较好的成效。

四年来，我们大力推行的大阅读活动渐趋成熟，在教学方法和教学模式探索上、教研成果整理和提炼上逐渐形成特色。

规划先行，任务驱动。在活动开展之初，我们就群策群力制定了《三水中学语文学科“大阅读”活动实施方案》，方案的落实能保证大阅读活动顺利有序开展：

在阅读时间方面，方案规定，晚修开始后的前25分钟为学生的每日阅读时间；每周两节连堂课，亦安排学生进行整本书阅读。这样一来，每个学生每个月的阅读时间可以保证在18小时以上。

在阅读内容方面，每个学生高一每个学期阅读不少于四本书，高二每学期阅读不少于一本，每个学生高一高二共阅读至少十本书。

在阅读积累方面，每个学生每个学期做不少于2万字的读书笔记，高一高二共8万字。每个学生每个学期写作不少于4篇读书随笔，每篇字数不少于高考作文规定字数，高一高二共16篇。

为达成阅读目标，培养学生探究性阅读和创造性阅读的能力，我们提倡多角度、有创意的阅读，利用阅读期待、阅读反思和批判等环节，读写绘结合，拓展思维空间，提高阅读质量，滋养心灵，丰盈生命。

经过探索，我校形成了以“四读三有两得”为核心价值追求的大阅读特色。

“四读”为导读、共读、探读、悟读；“三有”为有痕、有趣、有深度；“两得”为语言建构与思维发展、滋养心灵与丰盈生命。

大阅读活动应该承载着建构学生语言，发展学生思维的任务，“四读”作品，可以让阅读过程有层次，有痕迹，有意趣，有深度。

阅读，除了助力学生获得绿色高分，同时也是一种生命建构，让我们看见一个更加广阔的世界，遇见更好的自己。

罗曼·罗兰说，从来就没有人读书，只有人在书中读自己。我们始终认为，阅读，从来不应停留在故事层面的肢解，也不停留在知识层面的积累和炫耀，而应该是引领学生在经典中读到智慧，让生命幸福生长。

在这一思想的统领下，我们的学生甚至开始重新审视曾经读过的作品，开始真正喜欢上阅读，开始有阅读“饥渴”。阅读是根，写作是花。阅读的数量和质量上来了，学生的写作水平也开始得到普遍提高，越来越多的同学在报刊发表作品，在各类征文中获奖，语文成绩也大面积提高。

真正的读书活动不是一个单一的知识输入行为，它更是

“阅读、表达、分享、提升”的智慧综合建构过程。为了让阅读成为一种应然的教育生态，为了把我校的大阅读进一步推向又一个高潮，我们还设计了一年一度的读书节。迄今为止，我校已经连续举办了四届以“读行合一”为主题的读书节。

“‘读行合一’读书节”是三水中学“四礼五节”品质德育内容之一，也是三中大阅读实践的集中展示平台，更是三水中学学子核心素养积淀提升的见证。小剧场晚会、视频展播，师生才华尽显；书香集市，阅读的美好传达给彼此；读书分享会，读书征文比赛，传统文化素养比赛，阅读达人评选，三水中学大阅读让学生真正爱上阅读，让学生在阅读中看见更广阔的世界！

剧场重现经典，展播传承文化。为了激发学生对名著的阅读兴趣，让学生更深刻地读懂文本，在第一届和第三届读书节，三水中学举办“名著小剧场演绎大赛”，第二届读书节，在疫情期间，我们举办“经典演绎短视频云展播”活动。学生自选自导自演经典文学名著，揣摩人物心理，给电视剧配音，或化身书中人物，以自己的独特理解演绎经典角色，经历别样人生。剧演意义主要在于对大阅读的检测与深化，师生一同蹚过蒹葭苍苍的水湄，涉过繁华三千的红尘，感受文字的真，文学的善，文化的美。银屏之上，经典重现，云端展播，三中的大阅读渐入佳境。

交流齐探情致，分享共得意趣。仰观大千世界，有游不尽的万水千山，有览不尽的人间春秋，更有读不完的中外书籍。

“读书交流分享会”是读书节环节之一，也是我们的日常学习活动。在交流会上，三中学子能感受文学的美，美在伤时，美在那生命对永恒时间的无奈；美在伤史，美在历史中窥见的自我生命顽强抗争；美在伤世，美在孤独之境的生命抗争。优秀的书籍，字字珠玑，蕴藏着时光的力量，历史的秘密，生命的情致。一本书便是一段繁花似锦的岁月，一段文便是搁浅于历史深处的时光，一字一句都是生命的高歌，因而每次交流分享都是对生命的深思。

集市满是书香，展览装点校园。连续四年，春末夏初之际，三水中学“书香集市”盛大“开市”，作为“读书节”重磅活动，“书香集市”主要集中展示一年来全校师生的阅读成果。夏蝉已鸣叫，翠柳仍飘摇，三水中学上善广场便立起了学生创作的大阅读优秀“读写绘”作品展，画面内容或风起云涌，或奇幻无穷，或凄美脱俗，或从俗从心，或淳朴忧伤，它们一下子就将人们带进书籍的世界，重新回顾三水中学学子一年来的阅读生活。作为集市“门面担当”的，还有三中学子的优秀阅读积累作业。我们集中展示一年来三水中学学子根据阅读体验创作的“创意读写绘”作品、“创意思维导图”以及阅读短评。集市上，每个班级以名著的典故为自己的集市展位命名，每个展位售卖或展示质优价廉的二手书和同学们自创的大阅读文创产品。

阅读塑造气质，达人引领风尚。一个人的阅读史，就是他的精神成长史。一个人的童年和少年时期的阅读，便是浸染在他世界里至关重要的精神底色。少年时的阅读心情，让人珍惜；少年时的阅读热情，需要我们呵护；少年时的阅读情怀，值得我们宣扬。因此，三水中学连续四年评选校园阅读达人，让达人引领校园阅读风尚！阅读达人的评选包括教师推荐，学生自荐并提交《我的阅读史》千字文，参加面试等环节。静立窗前观云起，默坐桌边闻书香。阅读达人说，热爱阅读，就像热爱另一个时空里的自己；阅读，不仅是为了思考和权衡，更是为了在书中读自己；在阅读中，丰盈自身，若无阅读，人生便无法不断趋于完满。阅读达人评选对营造校园书香氛围，引领校园阅读风尚，塑造学生精神气质起到非常重要的作用。

经过四年多的探索，以邱子然老师提出的“四读三有两得”为核心价值追求的大阅读实践取得一定成效，大阅读活动课堂实践效果好，示范引领作用强，在区域范围内有一定影响和辐射作用，得到学生、家长、社会、教育同行的肯定和认可。建立的教学理论、教育思想吸引校内外同行前来学习交流，并得到有关专家的肯定和各级教研部门的认同。

但是显然，大阅读的推行过程并非一帆风顺，甚至说艰难也毫不为过，一路下来，遇到的阻力和困难还是不少的。首先是来自观念上的阻力，管理层不太能完全理解大阅读的意义，而阅读的成效也不能立竿见影，所以有时在年级统筹安排阅读时间时，有些年级的阅读时间一度被消减甚至偶有中断，在多方努力下才得以延续。其次也有来自现实的压力，有些老师认为常规备课的压力已经很大了，要指导学生走进经典，必得自己首先走进经典，这无形中大大增加了自己的工作量，因此有一定的抵触情绪。甚至有的老师希望有一套现成的模板，就像市面上的学案一样，拿来印发给学生就行了。我们认为，没有老师生动导读的大阅读是没有灵魂的。放养式的自由阅读也不是我们需要的模式。最终，在部分老师的带动下，越来越多的语文老师认识到大阅读对语文素养提升的意义，由一个年级进而推广到其他年级，逐渐形成了三水中学自己的阅读模式和阅读品牌。也有来自学生和家长的压力。一开始因为涉及学生购书，有些家长并不积极支持。后来我们发现一个有趣的现象，如果从高一开始形成习惯和制度，高二购书就基本没有什么阻力，他们慢慢能接受，自己要读的书，自己买，这是理所当然的。如果高二开始推广，阻力就相对比较大，不少家长不愿意购书。学生一开始也有抵触情绪，一是因为做作业的时间不够，二是阅读对提升成绩没有立竿见影的效果，三是有不少同学本身就不爱阅读，特别是理科班的学生。

经过高一一个学期的启蒙与培育，在导读共读悟读探读四轮阅读活动加之读书节的强势推动下，三水中学的学生基本能够走在“大阅读”的轨道上，能够站在巨人的肩膀上赓续文明巅峰的伟大精神，能够重获昂扬的生命原力、幸福生长。

回顾“大阅读”的探索历程，感慨推动一项教学改革的不易。尤其是着眼于长远利益的改革，长远规划，持续发力和一个专业且执着的带头人，这三者缺一不可。

四礼五节：德育主题活动的构思、设计与实践

近几年，随着三水中学的社会声誉和口碑逐渐提升，生源质量也在提升。我们随之要思考的是学校教育教学管理的方向和方式调整问题。比如德育工作，我们确立由“行为德育”向“品质德育”转变。生源质量提升，学生的行为习惯明显好转，学生对德育品质的需求就会更迫切，标准也更高。如果还继续坚持以行为规范为主体的管理，既无谓地浪费师生的时间和精力，也无法满足学生的成长需求。针对学生的特点和需求，我们转向“品质德育”，“品质德育”不仅指道德品质的教育，更是指由外而内的精神浸润，贴近实际的知行结合，主体觉醒的自我激励，实现学生的可持续发展。要说明的是，此处所说的“行为德育”“品质德育”都是指工作的重心或侧重

点，并不意味着之前的德育工作没有追求品质教育，现在的德育工作就不重视行为规范。

德育工作可以用润物细无声、春风化雨、无痕德育等来描述，但要实现目的、收到实效，还需要具体的实施途径和载体。我们经过深入思考和精心谋划，把三水中学的德育主题活动设计为“四礼五节”。“四礼”指：开学礼、升旗礼、成人礼、毕业礼；“五节”指：体艺节、拓展节、心育节、学科节、读书节。可以看出，我们把主题活动按两条线来归类：“礼”和“节”。

“礼”，在中华传统文化中具有非常重要的位置。其本意指敬拜祖先神灵的仪式，后来发展为社会生活中，由于道德观念和风俗习惯而形成的仪节。孔子就非常重视“礼”。他认为：礼的本质是心之仁；礼的特征是礼之用，和为贵，既包括外面所表现出的敬，又包括内心所有的和，外敬内和，知敬能和，就必然有让；礼的作用是“博我以文，约我以礼”“克己复礼”“天下归仁焉”；强调礼的重要性：“不知礼，无以立也”。在现代社会，礼意味着诚意、郑重、文明，在礼中情绪是收束、肃然的。通过礼，逐步实现梁晓声所说的“根植于内心的修养；无须提醒的自觉；以约束为前提的自由；为别人着想的善良”。

“节”，最初是人民为适应生产和生活的需要而共同创造的一种民俗文化，在保留传统文化节日的同时，又逐渐演绎为生活中值得纪念的重要日子或着重强调的重要事件。“节”是为了纪念、庆祝而开展的专项活动，形式是热闹欢腾的，情绪是宣泄张扬的。学校举行的“节”是通过某项活动让学生亲身参与实践，践行理念，活跃身心。

“礼”和“节”，一静一动，一内一外，正好契合德育渗透的规律和路径。德育不是灌输说教，是启蒙和导引，是寻找或创造恰当的场域来推动、实现生命个体的自我发展、自我完善和自我实现。礼是道德的浸润，精神的传承。在三水中学，通过“四礼”学生可以获得庄重的体验，追慕先贤的情怀，修习丰盈的内心，产生心灵的涤荡，培育精神的力量。在“五节”中，学生们可以认识自我，理解人生；在活动中开阔视野，展示特长；在活动中磨砺意志，涵养精神。

“四礼”庄重沉静；

“五节”活力动感。

“四礼五节”动静结合，知行合一，让学生在三水中学幸福生长。

开学礼——在仪式感中获取奋斗的力量。

当九月的第一缕阳光洒遍每一个角落，学生们豪情满怀地来到了三水中学的校园。我们隆重举行开学礼，师生齐唱国歌、校歌，书记、校长为高一新生郑重佩戴校徽，用一枚校徽让学生确立身份，和母校建立起情感的纽带；校长、教师代表、学生代表一起敲响新学期第一次上课的钟声，在清脆悠扬的钟声里，师生朝气蓬勃地迎接新学期的到来；邀请院士、学者名家为全校师生带来精彩的开学第一课。典礼仪式简洁庄重，内涵丰富，振奋了士气、开阔了眼界，让学生增强了使命感和责任感，承载崭新的希望，蓄力超越过往的辉煌！

升旗礼——在仪式中生发爱国情感和自豪感。

学生国旗护卫队身着军礼服，飒爽英姿，步伐坚定，神情肃穆，传递着对国旗的尊重，对祖国的热爱；国旗下的系列主题讲话，引导学生分析时政热点，进行深刻的思考，树立社会主义核心价值观。

成人礼——在仪式中学会感恩和担当。

成人礼在临近学校的孔圣园举行，这里松柏环绕、清幽肃穆。邀请兴农大典、炎帝大典的礼仪顾问、礼师主持成人礼。学生们精心准备，盛装出席。在古典庄严气氛中，吟唱古乐，诵读告文。

父母为孩子加家服、加冠、加束，陪伴他们庄重地走上红毯，走过成人门，行过状元桥。在亲人和师长的见证下，学生们完成社会角色意识的转变，在一稽首、一吟诵、一加冠间，将修行意志内化于心，将践行责任外化于行。

毕业礼——在仪式中获取远行的力量。

毕业礼上，师生一起感念过往，难掩感慨，老师们用文艺表演等形式再一次送上鼓励和关怀，学生最后一次聆听老师们深情的期望与叮嘱，优秀校友到校祝福激励，全体一起在光影闪烁中高唱级歌，毕业生们最后一次身穿三水中学的校服以青春的名义宣誓，必当践行“今天我以三中为荣，明天三中以我为荣”的诺言。

体艺节——展示个性特长，秀青春质感。

体艺节由开幕式、文艺晚会、舞台剧、师生联谊会、田径比赛、趣味运动会、社团嘉年华、大本营设计、爱心义卖等多个部分组成，是炫技的舞台，也是青春的天地。金秋季节，沙场点兵！近千人的“男拳女舞”秀，展现三中少年的自信模样！骄阳下，学生们拼搏赛场，挥洒汗水；舞台上，他们又一展歌喉，舞动全场，惬意享受星光璀璨的文艺之夜。师生倾情夜，同心交响曲，师生联谊拉近了老师与学生们的距离，大家畅舒心怀，升华情谊。琳琅满目的奇妙集市，别出心裁的班级小窝，既培养了学生们的动手能力，又激发了他们无限的创造力……

读书节——遇见自己拥抱世界。

三水中学的读书节，形式灵活多样，营造出浓郁的阅读和探究氛围。书香集市、文创设计、经典剧场表演、名家读书分享会、“行走三水”系列活动、阅读达人评选等整本书阅读的系列活动既能驱动学生对阅读和思考的兴趣，也为他们提供了深度体验作品后的展示分享平台。书籍，为学生们打开一个更宽广的世界，“爱阅读”成为了我们三水中学师生的标签。

拓展节——开拓眼界，磨砺意志。

拓展节中，学生们躬行实践，精诚协作；拓宽视界，体验真实的生活。他们零距离参观现代化企业，感受现代科技的强大，深入军营接受爱国主义教育！他们抓鸡摸鱼，享受田园乐趣，柴火灶上，展示烹调手艺！篝火旁，动情歌唱，尽情舞蹈，一起诠释青春的活力；艳阳下，徒步15公里，磨砺意志，超越极限！

心育节——认识自我，理解人生。

心育节集轻松的活动、丰富的趣味、教育的功能于一体，帮助学生们接纳自我，乐观自信。运“珠”行万里，简单的游戏，考验着他们的责任感；心灵涂鸦区，写出自己的心声；心理情景剧，演绎校园生活，减缓压力，解决心理困扰；名师大家做客现场，指导学生们巧用心理学，提高学习效率。

学科节——玩转知识，提升技能。

学科节是展示知识技能、个性兴趣的舞台，也是享受快乐学习的机会。三水中学的学科节上，学生们把知识玩得特别“溜”，特别尽兴。

语文经典剧场，历史穿越舞台；英语激情演讲，政治睿智辩论；物理科技创新，化学魔幻实验；生物知识抢答，地理跨界情诗，解读山水密码……各类活动拓宽教学空间，挖掘学科内涵，激发出学习兴趣、张扬个性、展现活力。

“四礼五节”，既给学生打造多元的平台，也为他们设计特色的仪式；既有不同名目、序列，涵盖校园生活的诸多方面，又指向不同维度，兼顾各个层次学生性格、认知、技能等方面的培育。“礼”，让学生静静地浸润其中，心灵涤荡，精神升华；“节”，让每一个学生都成为主角，尽情地动起来，动手实践、观察社会、展示才艺。它们不是简单的增量创新，而是全面深度的浸润，多维立体的发展，全员广泛的参与。

附

心中有火，眼里有光

——高三成人礼致辞

尊敬的家长朋友们、老师们，亲爱的同学们：

大家好！今天我们盛装出席，相聚于此，为一群18岁的青年人举行隆重严肃的成人仪式。中国自西周就重视成人礼仪，《礼记》有言：凡人之所以为人者，礼义也！我们郑重其事，就是想通过庄重的仪式来记录一群青葱少年人生中的重要时刻，让他们在亲人和师长的见证下完成社会角色意识的转变，在一稽首，一吟诵，一加冠间，将修行意志内化于心，将践行责任外化于行。同学们，成人礼，既是我们对你们的祝愿和要求，也是你们对个人和家国的承诺和担当。成人成士成君子，为家为国为天下！

同学们，你们何其有幸，在这样鲜艳的年纪遇上这样蓬勃美好的时代，繁荣的科技尽由你们体验，繁茂的文化尽由你们感受，更大的世界等待你们的探索，更多的未知等待你们的求证。你们更年轻的身体容得下更多元的文化、审美和价值观；你们更广阔的胸襟，装得下更多的趣味、态度和观点。只要你们无畏风浪，勇敢前行，必定可以逆风飞翔，惊艳时光！

看待世界不需要预设任何方式，成长也没有任何极限。只要你的心中有火，眼里就会有光，你就不惧汗水和失落，你就不惧责任和考验。对于今天的你们来说，高考就是最重要的考验，是成长路上不能回避的责任。赢得高考，实现个人能力的超越；赢得高考，回报父母深切的期望；赢得高考，进入更高的平台，学习更艰深的知识，领略更壮美的风光。对于未来的你们来说，国家发展社会进步，更加真切地和你们的读书学习、你们的高考备考紧密地联系在一起，你不是一个人在高考，高考也不仅仅只关系到你自己。高考加油、往前冲刺的你通过这场疫情防控之战，已经清楚地知道，国家有难需要有人扛起责任冲在前线，岗位奉献和经济建设需要各行各业的专业人才，治疗，研究，管理，决策。严峻的形势考验我们的经济科技、医疗体系、工业生产等整个国家实力，考验我们的国家治理和社会运行，考验我们的公民素养水平。你们在高考之后填下的志愿不仅仅是你们个体的选择，它注定和中国未来10年，20年甚至50年的发展相关联。你，你们将在国家发展的大趋势中，在各领域的大平台上展现精彩的人生，你们将能够为国家更加强盛，社会更加繁荣进步，以你们特有的方式做出贡献。这，就是你们今天站在这里，需要清楚的，需要承担的。

今天的成人仪式上，感触最深的当数你们的父母、和你们一起战斗的班主任、老师们，你们的成长路上离不开他们的呵护、培养和操劳。想一想当你蹒跚学步时，是谁伸出了坚实有力的臂膀；当风雨摧折时，是谁构筑了温馨宁静的港湾；当你执拗任性时，是谁在耐心又细致地开导；当你失意彷徨时，是谁在温柔而坚定地鼓励？请向那一张张疲惫的、欣慰的、期待的脸庞投去深情的凝望，请真诚地感谢他们日以继夜的无私、陪伴和包容。没有人能够独自长大，你们心中的热火也为他们燃烧，你们眼中的星光也为他们闪亮。

今天，你们完成了神圣庄重的仪式，接过18岁的成人证书，也郑重地接过了属于你们的责任和使命。时代不允许你退却，家庭不允许你懈怠，你的前途不允许你儿戏，不能退缩，唯有承担。选择勇敢，使命必达，拼尽全力，为信念而战。

同学们，不负伟大时代，不灭心中热火，不暗眼里星光，荣耀属于英雄，战士勇往直前。祝福你们！谢谢。

成长背后的力量

——2022届高三毕业典礼致辞

三年前的9月1日，也是在这个礼堂里，开学礼上，书记和我一起为你们佩戴了校徽，你们正式成为了三水中学的学生；三年后的今天，毕业礼上，又为你们颁发了毕业证书，你们成为了母校的校友。

三年时光，似箭如梭，你们学习了更广博的知识，提升了更高层次的能力，磨砺了更坚强的意志，开阔了更宽广的眼界。你们与亲爱的同学、敬爱的老师一起探讨难题、共读红楼、徒步露营；一起观鱼戏水，静听鸟鸣；一起远眺斜阳，手掬落英。你们在1000多个日夜的高中生活里，和美丽的校园凝结出更深厚的情谊。当年的稚嫩和青涩已然褪去，你们的体能和心智，思维和素养，都有了很大的提升。这个过程，叫作成长。

成长是每一个人都会经历并且会持续一生的。

三年的高中生活，你们的老师、父母也在与你们一起成长。在每一份教学设计里、每一次知识讲授时、每一次与你们的交流互动中，老师们的教育教学水平和能力也在提升，思想和人生态度也在发生变化，这个过程是成长。在每一次家校沟通中，每一回加油鼓励里，父母们的自省和调整也在不断发生，心境和方法也在持续改变，这个过程也是成长。作为校长的我，也是如此。要谋划新阶段学校的发展方向，要解决新一届学生呈现的问题，在和你们的相处中，我的治校理念也在不断完善，管理能力也在不断提升，这个过程也是成长。我们都在和彼此发生联系的过程中，在解决问题攻克难关的过程中，变得更加智慧、勇敢、坚毅，这个过程就是成长。

成长的背后是有力量的。

成长是自己的需要和经历，也是别人的付出和助力。成长不是孤立的，个人的，是联系的，浸润的。我们永远无法否认那些在成长背后支撑我们的力量。父母、老师、同学、好友，这些力量无处不在，必不可少且弥足珍贵。给予这个力量的人，时时处处都在。还有一种力量，它看起来很遥远，在日常中也不易被感知，那就是国家和时代，就像空气和土壤一样，默默地给予我们养分和力量。

成长背后的力量还会随着成长发生变化。

在小学、初中、高中这些基础教育阶段里，你们被称作孩子。你们成长背后的主要力量是老师、家长、同学。当你们取得进步时，他们为你们骄傲喝彩；当你们遭遇挫折时，他们耐心倾听，帮你们分析得失，给你们鼓励信心。这力量稳定、专业、温暖、无私，振奋你们颓废的情绪，安抚你们焦躁的内心，指引你们走出迷雾，助推你们再接再厉。

今天你们毕业了，即将进入人生的第二个重要阶段——高等教育阶段。你们会发现，称呼你们为孩子的声音慢慢变少了。你们还会发现，原来熟悉的、总是会及时出现的，或者说有时候令你讨厌的萦绕耳边教导的声音也慢慢变少了。师长们的未雨绸缪、倾心呵护不再会随时出现在你们身边了，这个时候，你们成长的主要力量变成了你们自己。你们也许会经历一个痛苦的断奶期，从茫然无助到目标笃定，从忧怨伤感到坚强执着，你们不仅需要有独自飞的心理准备，也要有独自飞的能力素养。这个过程就是成长。

你们大学毕业了，走向社会，参加工作。那个时候，除了父母再也没有人称呼你们为孩子了。在那个阶段，你依然在成长，你成长背后的力量，除了你自己，还有你的工作单位，以及因你的性格、爱好、能力、追求等等因素而聚集的人气、人脉和平台。这力量与你在学生时代从老师那里获得的力量有很大的不同，它不但未必稳定，也并不无私慷慨，甚至需要你付出代价。

年岁渐长，事业有成，你开始称呼别人为孩子了，你们的父母也渐渐老去，你们开始成为他们背后的力量。你们要挺身而出，当仁不让，给予他们支持、帮助和保护。我们的人生就是这样，在各种力量的推动下一步步成长，又积蓄力量支撑他人成长，周而往复。

人生的每一个阶段的成长背后都离不开国家和时代的力量，这并不是一个空泛的话题。纵观几千年的中国历史，能像如今这般被称为黄金时代的阶段，罕有其匹。横览全世界200多个国家和地区，能如中国目前这样蓬勃发展、积极向上、安定团结的，也为数不多。我们真的应该为生活在这样的国家和时代感到庆幸和自豪。

安定强大的国家和飞速发展的时代才是我们成长背后坚实而根本的力量。也正因为这力量的存在，我们才能远离兵荒马乱、经济衰退，安享繁荣稳定、岁月静好；才能获得公平公正、实现心愿梦想，才能让我前面所说的各种成长背后的力量成为可能。

当我们豪情满怀地向前迈进，理所当然地享受这些力量付出的时候，怎么能不感念给予我们成长力量的人、国家和时代呢？这是我们今天举行毕业典礼、回顾高中生活的原因，这也是我们要感恩老师、孝顺父母、珍惜同学友谊、热爱母校和国家的情感溯源。

同学们，你们即将告别母校、同窗好友、父母亲人，走向更远的地方，曾经耳边的叮咛唠叨、训导管束也将远去，你们就要成为自己成长背后的主要力量了。你们将会遇到更多困难，更多诱惑，也会滋生很多欲望，面对各种选择，你们如何做出独立客观的判断？在这里，我借用《人民日报》上的金句送给大家：

泡夜店、文身、买醉，这些事情看起来很酷，其实一点难度都没有，只要你想办到随时都可以。

真正酷的，应该是那些不容易办到的，比如：读书、赚钱、健身、早睡早起、孝顺父母，用炙热的心爱人爱己，用你毕生的精力去战胜一个个专业领域。

低级的欲望放纵即可获得，高级的欲望只有克制才能达成。

希望同学们在面对诱惑、欲望膨胀、人生抉择的时候，能够记起这句话——“低级的欲望放纵即可获得，高级的欲望只有克制才能达成。”

我把这句话送给同学们，希望同学们今后认真学习，好好生活。让自己成为自己成长的坚强力量，也努力让自己成为别人成长背后的力量，为我们国家的蓬勃发展、民族复兴做出自己的贡献，把我们的国家建设得更加强大，让时代更为美好，让国家和时代为更年青一代的成长提供更有力的支撑力量。

同学们，再见！

享受学习，勇敢挑战

——高三百日誓师

同学们：

我们在备考的关键节点总会举行隆重的仪式，动员、激励、誓师，郑重其事，都是为了在战斗前明确作战的意义，凝聚坚决的意志。

备考，不单是知识的积累，能力的提升，更是对体能的考验，意志的磨砺，自我的超越。备考的战线拉得很长，太多的高峰低谷，坎坷波折，可能会有人倦怠消沉，自我怀疑；也可能会有人忘记了曾经的五彩憧憬，低头认命。因此，我们在这个有特殊含义的日子里举行仪式，宣讲意义，提振精神，凝聚力量。

从2021年8月1日进入高三，我们已经奋斗了209天，离高考还有整整100天。在你们备考的这一年里，夏季的东京奥运会，冬季的北京奥运会相继举行，各国运动健儿们收获了无数赞誉与掌声，成就了他们的光荣和梦想，他们也用超人的技能、无畏的勇气给我们展示出强大的精神力量。我想和大家分享对两位运动员的感悟。一位就是现在炙手可热的谷爱凌。有媒体说这才是青少年真正的偶像的样子。她有三个特点：①谷爱凌让“快乐体育”这一“魅力符号”得以具象化：无论是她说的资格赛“感觉特别有劲儿”，还是希望“尽情地享受”决赛；无论是能够梦想成真“特别高兴”，还是“分享滑雪的快乐”；无论是承认“爱上了恐惧”，还是强调“打破界限”，都呈现了“快乐体育”的本质。②“我不知道我是不是天才，我的天赋可能只有1%。天赋可能在开始时能帮助你，但到后面的训练中，99%都是努力的作用。”训练时，她是第一个到场地、最后一个走的人。即便在假期，她每天也要训练4小时，每周必须完成一个半程马拉松，在谷爱凌的叙述中，从早上9点到晚上

9点，一直训练，3个小时最多要滑50趟，找时间在缆车上吃饭或者休息几分钟，吃几口饭然后接着去训练。“我不想强调这些，因为我是运动员，成绩不好就要努力，艰苦是应该的。”她训练中有过骨折，也曾摔到脑震荡，短暂失忆。③她有一个演讲《我承认，我爱上了恐惧》，她说：“‘恐惧’可以算是三种不同感觉的总称，那就是兴奋、不确定和压力。我已经发现，如果这些感觉能被识别和积极地利用，那么每一种感觉中都有一些微妙的指标可以帮助你成功，而如果其原理被忽视，那么这些感觉可能就会是你受伤的前兆。无论孤身一人还是面向整个世界，我都专注于感恩当下、判断当下，并享受体育带给我的快乐。快乐体育，享受运动，为自己的爱好努力拼搏，勇敢地直面恐惧，挑战恐惧，甚至从挑战恐惧中找到快乐。”这就是谷爱凌，也是我们应该学习并汲取营养的地方！这与我们的学习何其相似，我们也应该努力让自己爱上学习，为此而努力拼搏，并视为应有之义。我们也应该勇敢地面对来自高考的压力，勇敢地迎接来自高考的挑战。

还有一位运动员，乒乓球冠军马龙曾说：“我的目标肯定是冠军，但我的终点又不是冠军。”为夺取冠军，马龙全力以赴、奋力拼搏，但夺取冠军又不是他最终的目标。那他最终的目标是什么？我想应该是享受运动的快乐，享受竞争的过程，享受世界最顶尖的高手较量，享受兴奋、压力与不确定性带来的刺激。

我总结一下，有两点值得我们深思。横向来看，谷爱凌、苏翊鸣、全红婵都是你们的同龄人甚至比你们更小，从他们身上，我们可以看到，应对高考与世界上任何激烈竞争活动都是一样的，都需要艰辛地付出，不懈地努力，全力以赴地拼搏。他们参加奥运会，就如同你们要参加高考，为备战，可以倾尽全力。他们所受到的磨砺和吃的苦，比你们强度要大得多得多，也说明复习备考的一切拼搏都在你们这个年龄段身心可以承受的范围，甚至还有很大潜力可以挖掘。纵向来看，高考尽管非常重要，是一场分分计较的残酷竞争，也常常被形容为一个千军万马过独木桥的拥挤赛道。但放在人的一生来看，它也不过是我们要去经历的一次又一次挑战的第一个大赛。正如马龙所说："我的目标肯定是冠军，但我的终点又不是冠军！"拼搏的过程中，我们不必有"头悬梁、锥刺股"的苦涩，高考后，我们也不必有范进中举似的疯癫。

同学们，你们要勇敢起来，直面考验，你要自信起来，舍我其谁？不做懦弱退缩，不做无益彷徨。继过往之荣光，经百炼而成钢。

奋力奔跑是最美的姿态，超越自我是最强的态度。荣耀的背后是披荆斩棘的勇毅，是不断重复的磨砺，是不信极限的志气。现在，你们正式接棒冬奥，冲刺高考，书写属于自己的荣耀！

同学们，高考，不是你一个人在战斗，你们的背后有老师、有员工、有家人的帮助，但也是你一个人的战斗，你必须勇敢担当，独自一人去挑战心中的恐惧，克服自身的惰性和怯懦。除了你这个主体，鲜活的、灵动的生命，谁能真正体验破茧的孤独艰难，谁能真正理解成蝶后的骄傲畅快？只有你！家长的温暖，老师的教导，学校的关怀，最后都只能化为你的努力，才能创造奇迹。

勇于担当，勇敢面对尚有缺漏的知识点，勇敢面对粗略的审题习惯，不被简单粗暴的娱乐“控制”，不被各种诱惑“劫持”，勇敢迎接人这一生必经的一次脱胎换骨的蜕变，浴火新生的涅槃。

同学们，100天以后的高考对于大家来说，坚持很难，和自己的鏖战尤其艰难。但是华山再高，也有路可走。图南未可料，变化有鲲鹏。欲上青天揽日月，不畏冷霜冰雪。

你所有蓄过的力，都会变成最后耀眼的光；高考的喜报，就是对奋力向上的青春的犒赏！

同学们，让我们站在春光里，坚定而自信地迎接盛夏的到来。也让我们借着虎年势不可当的冲劲和锐气，虎力全开，一起向未来！更让我们怀着敢试锋芒的壮志豪情，为18岁的青春书写壮丽的华彩！

开学礼致辞

尊敬的老师们，亲爱的同学们：

大家好！今天我们举行隆重轻快、朝气蓬勃的开学礼，开启新学年的序幕。刚刚结束的暑假，除了炎热、暴雨、抗疫，还有被奥运点燃的激情。人类最大体量，最高规模的运动竞技比赛——奥运会，再一次扣动全世界的心弦。中国代表团以38

金32银18铜收官，追平此前境外参加奥运会的最佳战绩！我们由衷地向为中国拼搏的运动健儿送上喝彩，真棒！

同时，我们也通过本届奥运会发现了国人的一大变化，一个因为赛事获得冠军就举国欢腾的时代已经过去。并不是冠军的光环褪色了，而是我们本就生活在光明之中，因此以往黑暗中的烛火不再那么耀眼。中国代表团发扬中华体育精神，在东京赛场上奋力拼搏，充分体现了“更快、更高、更强，更团结”的奥林匹克精神！中国竞技水平的提升是综合国力的反映。强大的经济实力为体育发展提供了有力保障；有效控制疫情，更是为国家队集训备战提供了安全便利的条件。中国正在以体育大国的自信姿态，宣告中华民族势不可当的复兴进程！

如今之中国，有太多东西足以证明我们，足以支撑我们的民族自信。

在经济科技领域的金牌榜上，中国是世界第一制造业大国，拥有世界第一的架桥技术、世界第一的巨型水电站建设技术、世界第一的高原铁路建设技术、世界第一的量子通信技术；中国年均脱贫量1391万人，世界第一；发明专利申请数，世界第一；高速公路14.3万公里，世界第一；高铁3万公里，世界第一；光缆里程3041万公里，世界第一。

我国脱贫攻坚战取得了全面胜利，通过成功抗击新冠肺炎疫情，中国以其超强的国防动员能力向世界各国展示了中华民族的团结一致、众志成城的凝聚力、党和国家政府一呼百应的号召力。

正因为这样的自信，我们不再为一块金牌的得失而指责运动员，没有伤心欲绝、暴跳如雷，我们不再过分渲染金牌的魔力，而是为每一个站在赛场上的运动员鼓掌，不管获得何种奖牌，抑或没有拿到奖牌，赛场上的每个人都值得尊敬，他们为国家而战，也为自己而战。社会公众心理不再是唯金牌论，现在更坦然，更超然，更自然。这是一种成熟和进步，恰恰说明我们的强大和自信。

我们感动于运动员们的家国情怀之外，更加关注运动员本身的个性。用最“软萌”的语气说最“狠”的话的跳水冠军张家齐，在比赛结束后真的获得了教练赠送的“芭比娃娃”；体操女子平衡木冠军，16岁的管晨辰，说夺金后最想要的礼物是保温杯，消息传开后，网上上演了一幕幕“宠冠军”的温馨场面，有消防“蓝朋友”的专属宠爱、警察“蜀黍”的硬核关怀、大国重器行业的保温“黑科技”、博物馆的独家私藏……大家一致发出邀请：“冠军妹妹想要的保温杯我们备上了！”我们只有不神化他们，才能在高强度的训练机制中，多看到人性的光辉；才能看到他们的英雄光环下，作为平凡人的可爱、可敬之处；才能体会到他们也会有无奈之处、无力之感。

我们在关注输赢之余，看见了更多有趣的灵魂。这是中国后浪们独特的崛起方式，也是我们关注体育、关注人本身的正确打开方式。

奥林匹克之父顾拜旦曾说，对人生而言，重要的绝不是凯旋，而是战斗。乒乓球男子单打冠军马龙说：“我的目标肯定是冠军，但我的终点又不是冠军。”2020东京奥运会上的种种感动场面，让我们看到了战斗的自信从容，战斗的酣畅淋漓，战斗的永不止息；也让我们明白永远不要低估一颗冠军的心，永远相信潜能会带给我们惊喜。

同学们，少年负壮气，奋烈自有时。生长在今天这样强大的中国，学习在今天这样自信的中国，我们当然要有登凌绝顶的勇敢和无畏，也当然要有舍我其谁的气势和风采。所有蓄过的力，都会变成最后耀眼的光。让我们把奋力奔跑当作最美的姿态，把超越自我当作最强的态度。享受战斗，勇于战斗，向更好的明天进击，为更强大的祖国努力！

刚柔相济

穿越玉米地的启示

“戴着镣铐跳舞”，常常被用来形容基础教育的管理者、教师的工作境况或者心态。这可做多种解释，消极地说，这句话揭示了教育工作者面临的约束掣肘、依违两可；积极地说，这句话也诠释了教育工作者的情怀担当，在培养学生多元发展路上的孜孜以求。对这句话，我更倾向于责任和使命，而不是苦涩和愤懑。

“这是一片天空地旷的玉米地，果实累累，而又布满了大大小小、或明或暗的陷阱。这里将要进行一场有趣的竞赛：谁最早穿越玉米地到达神秘的对岸，同时，他手中的玉米又最多，还要最安全。速度、效益与安全——这就是‘玉米地游戏’的三大生存要素，你将如何平衡、取舍？你可以有一万种以上的选择。穿越玉米地的过程，就是决策的过程。我们每个人都有自己的玉米地。我们的一生都是在穿越玉米地……”这个寓言，是吴晓波在《穿越玉米地》一书中讲到的。如此说，各行各业其实都是在穿越玉米地的矛盾纠葛中进行，不单单是教育，这与行业无关，没有哪个行业的工作不是在多种因素交织影响下进行的。面对玉米地里的竞赛，没有人能够谈笑风生、闲庭信步。这个寓言给我们提供了一个看待问题的思路和视角，帮助我们拆掉思维里的墙。当我们正视并接受工作、人生中面临多重因素制约的现实，理性分析并权衡各种因素之间的逻辑关系，找到恰当的平衡点，以用大格局、大视野去理解并践行，就可以摘掉思想上的“镣铐”，轻盈且有力地走在大道上。我们尝试用这个视角来分析一下教育工作和教师职业。

如果学校、基础教育是一片玉米地，影响竞赛的因素也很多。既要帮助学生学有成效，考得高分，又不能唯分数论，要五育并举，全面发展，还要让学生健康成长，包括体能、视力、心理、性格等，哪一样都不能偏废。只想轻盈地跳舞，不想戴着“镣铐”，这只能是一厢情愿，也是违背事物发展规律的。所谓不想戴着“镣铐”，其实就是想在某一个要素上偏进，不顾及其他要素，而这个偏进的要素一定是符合片面利益最大化原则，唯分数论就是这样发展起来的，结果却远离学生全面发展的目标。事物都是在多种矛盾相互制约中波浪式前进，螺旋式上升，没有其他矛盾的制约，就变成一意孤行，最终失控为脱缰的野马。“镣铐”，在悲观消极者眼中就是桎梏，在辩证积极者眼中就是事物发展的本质，是应有之义。

在考取高分、全面发展、身心健康三个要素中，考取高分最能满足学生、家长的眼前需求，从而也就最能满足学校、地方政府的利益追求。相互推波助澜，内卷逐步加剧，偏进就会逐步走向极端。考取高分，绝没有错，正如玉米地竞赛中跑得快也没错一样，但跑到终点时手上果实不多，甚至还伤痕累累，跑得快就有问题了。最先跑到终点的人，一定是在终点狂欢，浑身是伤也觉得付出很值，还会很励志地唱道："风雨中这点痛算什么，擦干泪不要问为什么。"只有看到后来赶到的人身心健康、手上累累硕果时，才会怅然若失。

问题就出在先到和后到上。玉米地竞赛只是一个寓言，而且规则提前就制定好要三者兼顾才算赢。在教育实际中，中考、高考就只看分数，录取标准没有能够兼顾其他因素，所以，先到达就成为绝对优势。而且先到和后到不仅仅是一场游戏，而是直接关系着学生人生的重要发展机遇。学生、家长、学校、地方政府都不约而同地选择片面利益最大化，未必是心甘情愿，但有现实需求。

那就修改标准吧，把考试这个指挥棒设计得更丰满，能够兼顾多个要素。自主招生、综合素质评价、两依据一参考……各种尝试，都没有能够改变分数这个刚性标准的本质。为什么呢？这又进入另一个矛盾体系中了。制定考试录取标准也不是由单一要素决定的，要受多种要素制约。社会诚信体系没有建立、完善，招生录取全程全域监督体系没有建立、完善，区域发展优质均衡没有解决，单一地去让录取标准多元化，负面效应更多，风险更大。既然短时间不能完全做到录取标准多元化，就无法改变中高考的指挥棒价值，也就很难改变基础教育的片面趋利性。

当然不能任由其片面趋利，那如何解决呢？可从三个方面着手：一是要加强价值引导，引导学生、家长、社会面向未来，着眼长跑。二是用规则纪律要求学校开齐开足国家课程，切实落实“双减”，循序渐进推进教育教学，高质量五育并举；要求政府不得唯分数论来评价学校、校长和教师；要求媒体不得炒作状元、升学率。三是要加大监督、监管力度。现在教育部颁布的各种规则、禁令正是这样，但基层理解不够，总认为这是治标不治本。正如本文所述，治本是系统工程，非一日之功，但又不能任由各层面把片面追求利益最大化做到极致。只能标本兼治，甚至先治标，换取治本的时间。由是，可以解释。

再说教师职业，也同样面临着“穿越玉米地”的纠葛。我们会发现，有着多年丰富经验的教师，慢慢会分化为这样三类：一类是熟练地掌握应试能力，能够带领学生取得高分，他们的教学成绩很突出，但教学方式比较单一，以严格管理学生、超大训练量为特征，代价是师生在时间和精力上消耗很大，学生的时间被严重挤压，知识学习之外很难有精力去发展其他。这样的教育教学方式会破坏教育的生态平衡，容易引起极端问题发生。这一类教师并不是学校的真实需要，而是现实需要。一类是应试能力弱，在同行中处于竞争弱势，反而盲目祭起所谓素质教育大旗。他们总是愤愤地批评应试，与现实教育体系格格不入。这里面又有两种人：一种是教育教学水平真低，自暴自弃地躺平；一种是自身学科业务水平高，但固执地追求理想化的教学方式，希望教师可以点石成金、以逸待劳，每个学生能够举一反三、触类旁通，这种固执的背后有理念的原因，也有懒于做具体琐碎的教学工作的原因。在同行中失去竞争优势，又需要找补心理优势，抨击“应试”、高调宣扬所谓素质教育就成了最好的途径。但应试能力弱也不是素质教育的特点，高分没有错，只是错在没有兼顾其他因素，错在消耗太大，他们所宣扬的素质教育也不是真正的素质教育。学校最不欢迎这一类教师，不能成人成事，对学生成长不能提供有益帮助。还有一类是综合能力很强，知识丰富，视野很开阔，掌握了教育规律，能够很好地调动学生内驱力，同时也有科学的教育教学方法，让学生科学地、愉悦地奋斗，教学业绩也很好。他们可以把思想教育、意志品质培养、思维能力培养融入学科教学中，他们能够多元培养，兼顾学生时间和精力在多方面的合理分配，帮助学生全面发展。他们是带领学生完美穿越玉米地的佼佼者，这一类教师最受学生、家长欢迎，也是学校真正需要的高水平教师。

深究这种分化背后的原因，并不完全归因于现行教育体制和环境，也不是教师的教育理念或者价值观差别的问题，更多是教师业务能力、知识结构和性格特点的分化所致。

德智体美劳，五育并举，哪一类如果要打好基础，成人成事，都需要扎扎实实，认认真真地学习、训练、提升，都不能以“快乐轻松”为名而放任。现在批判的“应试”其实是把五育单一成智育，把智育异化的一种极端做法，但不意味着要排斥有一定强度的教育教学方式。那么，问题来了，学生的时间和精力毕竟有限，五育并举且有成效，如何把握好平衡点，找到突破口？只有一个办法，那就是教师要提升技术水平，增加“科学”含量，提高教学效率，为学生节约时间，才有实现五育并举的时间和空间。如果教师的知识结构不丰富，仅仅局限于学科教材的知识，教师的教学方式单一，只会满堂灌、高强度训练；如果教师的性格特征不适合与学生打交道，不能激发学生的学习内生力，学生在穿越玉米地的过程中，要么跑得飞快却双手空空，遍体鳞伤，要么装满了玉米，却落后一大截。所以，不管如何进行教育改革，应试教育也好，素质教育也罢，教师都是最终端的践行者，成败在于教师。教师始终是在与学生共成长，与时代共进退。教师只有不断学习，丰富知识结构，提升教育教学技能，修炼性格秉性，才能很好地贯彻党的教育方针，落实立德树人、五育并举。

基于信任的管理

管理措施、规章制度的设置与对人的信任度有密切关系。一般来说，管理的范围越大，涉及的对象越多，信任度越低，属于“生人社会”，如果不用防范式的制度和规矩，管理成本太大，风险也很大；如果管理范围较小，涉及的对象是确定的，属于“熟人社会”，信任度可以提高，可以适当减少防范式的管理措施，既可降低管理成本，又可增进团队黏合度。在中小学校，因为对教师是否会按时上下班不信任，就有学校实行打卡制；因为对教师备课、辅导学生是否认真不信任，有学校就实行教学常规检查制度；因为对教师开会是否准时参加不信任，有学校就实行会议签到、点名制度……这种防范式的管理措施会让学校管理者付出很高的成本，而且会让老师们很不舒服，执行过程中，太过认真会引起摩擦，不认真又会导致制度废弛，校长们常常左右为难。

按照中小学的规模和教职员工的关系，中小学应属于典型的“熟人社会”，我们可以提高信任度，采取信任管理，不必过于依赖于制度文化，或许可以让管理者如释重负，不仅如此，还会收到意想不到的收获。

在美国沃马特公司，每一位经理人员都用刻有“我们信任我们的员工”字样的纽扣。在这个公司，员工包括最基层的店员都被称为合伙人。使用信任纽扣是提醒经理时刻铭记信任员工的信条，并融入具体管理行为中。把基层员工称为合伙人是对公司成员的价值定位，公司是属于所有员工的，背后的逻辑就是信任。那么学校是属于谁的？从产权归属上，公办学校是政府的，是人民的，民办学校是投资人的；从价值归属上，学校是属于全体教职员工的。基于信任的学校管理，既是以人为本的学校文化的需要，也是学校管理向学校治理转变的必经之路。

信任管理不是对校长包容度的考量，也不是对教师、员工的道德检视，而是一种管理理念和管理方式，是相对于控制管理而言的。控制管理是自上而下的金字塔形管理架构，信任管理是校长、教师、员工处于同一平面的平面点状型合作架构。初到三水中学上任时发现，这所学校实行的是打卡上下班制度，老师们尽管已经习以为常，基本能够没有怨言地遵守规则，但显得工作活力不足，与学校的黏合度不够。经过一段时间的观察和酝酿，我决定改为教师不坐班，不打卡。这个想法提出后，在班子会议上讨论得很激烈，大家有各种顾虑和担忧。担忧教师会因此作风散漫，无心教学；担忧教师工作时间不固定，会影响教学质量；担忧教师留校时间短，学生安全得不到保障等等。我努力说服大家要相信教师的责任心和觉悟。当然这种相信不是盲目空洞的：

相信的背后有客观理性的分析。教师工作方式可以分为三部分：一部分是和同事合作工作，比如合作研讨、集体备课、工作会议；一部分是和学生共处工作，比如上课、辅导、管理；一部分是独自工作，比如备课、批改作业试卷、资料整理、教学研究。和同事合作工作，有教研制度和会议制度保障，和学生共处工作有课程安排、晚修辅导安排、活动安排保障，独自工作可以在办公室，也可以在家里或其他地方，教师可以根据自身情况灵活处理。打卡坐班到不坐班的变化就在于教师独自工作这一部分，并非全部。教师的工作性质可分为显性工作和隐性工作，显性工作是动手为主，隐性工作是动脑用心为主。通过坐班监控的是显性工作，而真正对提升教育教学质量起核心作用的是隐性工作。所以，通过教学效果来检测教师的工作效果比通过过程监控要更精准和高效。

相信的背后有科学有序的统筹。赋予教师相对灵活机动把握工作时间的权利，教师投入工作、生活、家庭上时间和精力就可以有机整合、高效应对。教师可以在白天抽时间处理家庭事务，晚上在家批改作业、备课。上班到学校工作，下班回到家处理家务，这种传统的模式被灵活地整合成因人而异的个性化模式，教师的工作、生活、家庭三方面的质量反而都会提升。

相信的背后是放权赋能。僵化的打卡坐班会导致教师为学校而被动工作，灵活的不坐班制会激发教师为自己而主动工作。这样的模式不仅激发了教师的工作责任感、内生力，还促使教师珍惜时间，合理规划时间，从精确科学的时间管理中提高效率。改革之后，不仅没有出现教师懈怠散漫的现象，反而更务实高效，之前在办公室闲聊侃大山、打游戏、炒股票无聊打发时间的现象反而消失了。这就是信任管理的力量。

以信任为基础的管理，是尊重教师、相信教师、理解教师。充分释放教师的潜力和激情，发挥教师的主观能动性和创造力，增强主人翁意识。信任成为学校和教师之间的黏合剂、连心锁，让教师自己管理自己、自己提高自己，最大限度地减少管理成本，促使学校和教师和谐共振，共同发展。

当然，信任不是万能的。把握不好度，也会出现一放就乱的局面。对于“用人不疑，疑人不用”要辩证理解。信任管理包括两个层面：挑选人和管理人。挑选人是起点，是根源。要挑选德才兼备的人，要挑选适合这个岗位的人，适合承担这个任务的人。不能选用一味迎合、暗自揣摩领导心思的人，不能挑选只会坐而论道，不能起而行之的人。要以慎重、怀疑的态度挑选出值得信任的人，这是为管理人打下良好基础，也是为日后工作降低风险、降低成本。一旦选好人，就要给予充分信任，同时也不能完全放手，置之不理，要授权（信任）和监控相结合。充分授权是要给予岗位职责范围的自主决定权，要给予充足的人力、物力支援，要帮助扫除不利于工作的人事障碍。过程监控是了解任务推进的走向和效果，对于方向正确、效果良好的措施要鼓励；对于方向正确、效果不明的，最好耐心等待，不草率评论；对于方向明显不对头的，要果断干预。所以，在挑选人上面要“疑人不用”，在管理人上面要“用人不疑”。

信任不是一成不变，而是一个动态的过程。挑选人，在有限的范围内，未必能找到尽善尽美的人，何况也没有完美无瑕的人。人的很多特点是在岗位上才能观察得更清晰，不同的岗位，要求不同，越重要的岗位，要求越高。而且人是会变化的，有的人初上岗位时不适应，角色转换需要时间，在历练的过程中会不断进步，逐渐成熟；有的人可能会在新的岗位上遇到困难和挑战而知难而退，逐渐颓废、油腻；有的人在重要岗位上可能会经不起考验而逐渐变质。管理者需要用动态的思维去观察，理性的态度去调整，或耐心等待，或鞭策扶持，实在不行，也只好对岗位进行新的调整。这既是对自己选人用人负责、担当，也是对学校公共利益，对教育事业负责任。这是对“疑人不用”的补充完善。

信任也不是单向的，而是一个互动的过程。每一个人都有隐形的信用值，信用值在工作过程中有增值，也会有贬值。下属或教师通过工作回报领导的信任，是在让自己的信用值增值。领导通过工作成为值得下属或教师信任的人，也是在让自己的信用值增值。领导和下属或教师都珍惜自己的信用值，之间的信任就会相互促进，关系会更加融洽，工作更加顺畅。下属或教师品行不端，工作不力，消费了领导的信任，领导就会减弱对其的信任，对下属或教师的约束和管控就会越来越多。同样，领导品行不端，工作方式不当，下属或教师在工作中也会增加很多顾虑和揣测，同样也会减弱对领导的信任。这就进入了恶性循环。信用值贬值，就必然会受到信用的惩罚，也必然会导致工作的损失，无原则的信任要付出代价。这是对“用人不疑”的补充完善。

信任和不信任，不是品德问题，而是管理理念和管理艺术的问题。信任管理，度的把握很重要，要从管理理论和管理技术层面去探讨，而不是停留在道德评价层面。

激活教师内生力的深层逻辑与实践探索

教师是制度化教育得以正常展开的前提条件，被赋予教育发展和学校发展“第一资源”[1]。教师发展和教师队伍建设是学校工作的重中之重，各学校在这个方面都不遗余力。绩效考核、奖金刺激等经济杠杆和岗位责任制、末位淘汰制等责任杠杆都是常见的有效手段，这些手段从本质上讲都是施加的外部压力。在办学条件日趋规范、均衡和学校治理越来越趋向于人本与多元的今天，经济杠杆和责任杠杆都逐渐呈现边际效应，而且可能会因为形式的生硬单一引起教师反感抵触。当下，教师发展的内涵已逐渐走向了“从他主发展到自主发展，从自然发展到研究发展，从平均发展到个性发展”[2]。叶澜教授也说：“一项研究，一项改革研究，靠什么持续下去？研究的持续，需要外部支持，但是只有外力不行！任何事物真要长大，真要有力量，必须要有内生力！”[3]教师队伍建设也要从激活教师内生力入手，才会真有力量，才会可持续发展、高品质发展。

那么，什么是内生力？内生力是行为机制的原动力，是认识世界、勇于实践、实现自我发展的精神追求；是不断获取知识、探求真理、创业创新的自觉意志和行为。王一凡教授对教育者的内生力的解读是自我发展的自觉和自我践履的定力[4]。叶澜教授对内生力的解读是“成人成事”的目标和“发展自觉”的培养[5]。黄竹玲等教授说内生力用在教师发展上是指教师自我发展的能力，是一种脱离外部行政命令驱使，自主的、自发的丰富自我、完善自我以实现教师生命蜕变的能力[6]。几种解读都特别强调教师的自我发展、自觉意志与行为，这是内生力的本质特征，积极心理学认为这是人的本能，与生俱来。但即便是与生俱来的，也不意味着内生力就天然地体现在具体的教育教学工作中，“职业倦怠”“佛系”“躺平”反而是学校教师队伍中的常见现象，也是教师发展的桎梏。所以，有两个观点要明确，一是内生力需要激活，否则就会深潜在教师的内心深处，处于“冻结”“静默”状态；二是以自我发展为特征的内生力不仅仅是教师个人的需要，还为教育事业赋予我们的责任和使命所需要；也不是单凭教师个人觉醒和修为就能实现，是需要在群体的相互影响下、集体的土壤滋养下被激活的。认识到这两点，作为教师队伍建设的主体，学校就大有可为，也必须积极有为。

近五年来，三水中学在教师发展和教师队伍建设上做出了积极的探索。尤其是在激活教师内生力方面，我们深入探究其背后的深层逻辑，有意识、非经验式地谋划并实践，从外部提供有力的支持，引导并帮助教师逐渐从外部动机转化为内部动机，促进教师自我发展，取得了较为显著的成效。

内生力如同教师内心深处的种子，要发芽并成长为参天大树，需要肥沃的土壤，农林学角度的土壤肥沃特征是：土层深厚且结构合理、良好的透气性以及配比适宜的养分。学校在激活教师内生力促进教师发展上也应该培植这样的土壤。

一、改革评价机制优化土壤结构

教师评价是学校工作的重要部分，是“牛鼻子”，即便说抓住这一点就可以牵动整个学校工作也不夸张。教师评价有两种价值倾向，一种是通过教师评价促进学校工作，提升办学质量，实现学校发展的目的；另一种是通过教师评价促进教师工作，提升教师业务水平和工作态度，实现教师发展的目的。前者是以学校发展为目的，教师发展是实现学校发展的手段或路径，后者是以促进教师发展为目的，学校发展是教师发展的必然结果。后者的价值导向里“见人”，把人的发展放在第一位，坚持有教师才有学校，这是我校的教师评价的价值导向，“关注评价的人文性、服务性、民主性和发展性，旨在促进教师的发展”[7]。我们没有采用精细的量化法、票选法，而是评议法，即成立校长、中层、教师代表等多元评价主体组成的评议小组，根据教师的教育教学业绩、工作量、教科研成果、学生评价等因素，结合教师的个人要素做出综合评议。这种评价方式会更多兼顾教师的个人要素，业绩相当的情况下，工作量更大的，或者克服实际困难更大的（如：怀孕期的、哺乳期的、身体健康欠佳的、赡养老人任务重的、异地分居的等），或者“浪子回头”型、“老骥伏枥”型、“力挽狂澜”型的，或者个人专业发展正处于关键提升节点的，这些都会侧重考量。我们杜绝冷冰冰、干巴巴的唯业绩论，避免在评价中把教师分为三六九等而造成阶层固化，努力让评价成为动态鲜活的过程。我们也并不过度强调教师为学校发展服务，而是把促进教师发展放在第一位。这样的教师评价的价值导向和方式，有利于培植土壤厚度和优化结构，让教师可以按照适合自己的发展路径深耕教育教学。几年的运作下来，教师们都能从评价中感受到学校的公平公正和人情味儿，在自己的基础上找到努力工作实现个人价值的方向。

二、改革运作机制提升土壤的透气性

运行机制是学校治理理念和管理框架下的学校日常状态。教师在学校工作的体验感与之密切相关，好的运行机制会让教师感觉秩序井然、宽松有度、自然顺畅，不好的运行机制会让教师感觉刻板僵化、压抑拘束、沮丧烦躁。我校把“让三水中学成为师生幸福生长的地方”确立为办学愿景，把“凡事认真、追求卓越”作为奋斗精神，把“三水上善”作为文化内核。我们努力通过文化建设，唤醒师生内生力量，推动学校主动发展。因为我们清醒地认识到，“学校不是工具性存在，而是文化性存在。学校具有优秀的文化，才能有效吸纳和内化外在的改革要求；才能盘活内部资源，调动师生的办学积极性和主动性，集聚和放大‘草根’的力量”[8]。在此理念下，我们创造性推行“平面点状管理”模式。在平面点状结构中，校园里的每一个人都是一个平等的点，彼此之间平等对话，消除话语霸权，不因行政职务、学术地位而影响专业研究、信息分析和决策，让专业真正回归到专业。每一个点都是一个小小的发动机，所有的发动机都在同频共振地轰鸣，学校呈现沸腾状态，迸发出惊人的创造力和主观能动力。这样的运行机制如同透气性强、空气水分流通顺畅的土壤，教师的专业话语权得到充分保障。

三、合理调配资源盘活土壤的养分

教师发展离不开充足的资源，但资源对教师发展的支撑并不完全在于是否充足，而在于调配机制。也就是说资源选择由谁发起、资源获取由谁决定比资源是否多更重要。资金在账户上躺着，物资在仓库里存着，教育教学智力资源散落在各地，没有流通交互，就不能与教师发生关联。即便是流通交互了，但自上而下地分配，也不能真正实现物尽其用。我校提出“资源控制向资源服务转变”的导向，让一线教师根据教育教学工作的实际需要自主发起、自主选择并决定获得，让资源真正为教师发展服务，而不是由管理层控制并自上而下地分配。比如，我校开展“项目化研究竞争性资金分配”，由教师自行组建研究团队，选择研究主题，通过竞争性立项获得立项和不同等级的资金支持，在符合财经制度的前提下资金的使用由项目组决定，扩大了教研经费使用的自主度。项目开展的三年来，近170人参与竞争性答辩，约50个项目立项并结题，极大地调动了教师教科研热情。教师校本研训由学科组、年级组自行设计方案、遴选资源，学校只对经费做预算规划和程序审核，实质审批权下放给研训发起端。资源如同土壤的养分，资源控制向资源服务转变，就如同不同的植物可以获取不同的配比适宜的养分，按需所取，实现最适宜的配置，让资源发挥到最大效能。

肥沃的土壤，为教师内生力的唤醒、教师发展提供了厚实的基础和充足的养分。如果把内生力比喻成深埋于内心的坚果种子，土壤只是外部环境，发芽还需要破除坚硬的外壳，种子的生命力是从内到外破壳而出的最根本力量。美国心理学家德西和瑞安提出的自我决定论认为：个体有一种天性，想相信他们是凭自己的意志力来活动的，是因为他们想做，而不是他们不得不做。自我决定理论还认为动机产生和转化的实现来源于外界环境满足了个体的需要：自主需求、能力需求、归属需求。如果这三种需要得到满足的话，个体的动机将偏向于内部动机。[9]

学校可以尽可能创设条件去满足教师的基本心理需求，实现自我完善，为激发教师内生力提供坚强的力量。

四、通过释放空间满足自主需求

叶澜教授认为：教师不是上级制度规定的机械执行者，是有思想的实践者；教师不是他人改革经验的照搬者，而是“有发现的研究者”；教师不是教育变革实践的操作者，而是“有创生能力的变革者”。[10]教师作为知识工作者，从事的是创造性、研究性工作，不是机械地简单重复，教师有能力独立自主地完成自己的教育教学工作，也有强烈的自主需求。我校平面点状管理模式，就是要赋予教师独立自主工作的物理空间和人文空间。我们倡导“我的地盘我做主，我的教学我负责”，强调统分结合，学校提出统一的教学主张：“自主致用”，学科组在此理念下研究符合学科特点的教学方式，备课组实施符合年级和学科特点的教学组织方式，学科教师实施个性化的课堂教学和教学管理。比如，年级组会分配统一的学科学习时间，不同学科可以有不同的设计，各备课组内可以统一安排学习时间使用方式，或自习或测试，学科教师可以跟随备课组的安排，也可以自主安排执教班级的教学方式。学校并不追求统一号令、整齐划一，而是尊重甚至鼓励教师自主安排。我们实行“不坐班”制，没有规定上下班时间，上课、开会、教研等活动之外，教师工作的地点可以在学校、在家里，可以在图书馆、咖啡厅。这些“松绑”政策的背后是信任，也是管理哲学，给予教师相对自由的工作时间、空间，不用统一规则束缚教师的思维和行为，教师获得的是精神自由，满足了自主需求。

五、通过目标建设满足能力需求

所谓能力需求是指个体要感受到自己有能力完成某些任务，产生效能感、成就感。我校推行目标建设，对每个团队、个人、项目预设目标，年级组、学科组、备课组、课题组、项目组、教师个人都会有清晰明确的预设目标和任务清单，工作周期结束后根据预设目标和达成情况进行评估、评价。每个学年初，每位教师都要制订个人发展规划，内容包括专业发展、综合能力提升、家庭建设以及兴趣爱好、身体健康方面。个人发展规划不用作官方考核，仅供教师个人对照总结。学校还创设多样化的分享会，比如重要工作的总结会，教师教育故事分享会，教师读书沙龙，教育教学论坛等，即便是日常工作例会，都尽可能用文字清单去部署工作，腾挪出时间给教师分享交流。通过目标建设结合分享会，教师客观上实现“成人成事”，主观上也能清晰地感知到个人能力在“成人成事”过程中的因果对应关系，满足了能力需求。

六、通过群体活动满足归属需求

教师对学校的归属感体现在价值认同与和谐关系上，可以通过群体活动去实现。群体活动又可以分为强连接和弱连接，工作关系是强连接，生活关系是弱连接。高度信息化时代，同一个单位的人之间现实交往机会变少，也更程式化，弱连接对价值认同与和谐关系的作用就显得越来越重要，相对于强连接，弱连接是润滑剂，是调节剂，是情感纽带，是温馨家园。我校有意识地加强弱连接，让教师在工作之余有更多的连接交互，这不仅仅是为了愉悦教师身心，更多的是满足教师的归属需求。在工会组织下成立了足球、篮球、排球、乒乓球、羽毛球、跳绳毽球、歌舞、书画、瑜伽、棋类等10个教师文体协会，鼓励每个教师至少参加一个协会。协会是民间团体，自行组建管理团队、制定协会规则，自行组织开展活动，学校工会适当予以经费支持。现在各协会开展得热烈欢乐，协会活动成了老师们每周工作之余的期盼，老师们说："参加完协会活动，一天的疲惫和烦恼都一扫而光。"学校还有一个特别的收获节，每年春季向校内翘楚湖里投放上千尾鱼苗，寒假前的最后一天撒网捕捞，师生全鱼宴，每位教职员工还可以领取几条肥美新鲜的鱼回家过年，一片欢乐气氛，年味十足。常听到老师说"有单位真好"，简单朴实的话语透露着满满的归属感。归属需求得到满足，教师会对学校产生更多的认同和倚重，内部动机会更强烈。

学校培植肥沃的土壤，为教师内生力提供充足的养分和基础，教师通过满足基本心理需求实现自我完善，最终实现教师内生力的激活和提升，这是教师发展得以提升品质和持续下去的根本动力，教师发展也必然推动学校向更好、更高水平发展。几年来，三水中学循着这个策略和路径，努力帮助教师发展自我，取得较为显著的成效。教师的工作态度和作风明显转变，“走路都带风”；三水中学教师这几年在省、市教育行政部门组织的教学技能大赛中频频获得大奖，引起业界的高度关注；三水中学曾经是“县中衰落”的典型代表，这几年教育教学质量显著提升，在佛山被誉为“三水中学现象”，初步实现县中振兴。

当然，我们也要清晰地认识到：教师内生力是对现行教育机制的辅助和补充，并不是教师发展的全部动力，更不是教师发展的唯一动力。[11]促进教师发展需要多管齐下，内外结合，综合发力。

参考文献

［1］韩萍，李忠军. 参与式教师培训的理念及实践策略［J］. 现代教育管理，2013（1）.

［2］刘贵元. 转变教师发展方式：背景、内涵与策略［J］. 现代教育管理，2013（11）.

［3］［10］叶澜. “新基础教育”内生力的深度解读［J］. 人民教育，2016（Z1）.

［4］王一凡. 教育者的内生力［J］. 新班主任，2018（4）.

［5］同［3］.

［6］［11］黄竹玲，郑友训. 教师内生力的解析与提升策略［J］. 教育探索，2017（2）.

[7] 何顺超，田莉，李孝川. 教师“评价认同”：评价促进教师发展的内生力[J]. 上海教育评估研究，2017(1).

[8] 杭永宝，鲁树兴. 释放学校发展的精神力量——学校“主动发展”内涵的多维解读[J]. 人民教育，2019(9).

[9] 刘妍君，王才康. 自我决定理论在新课改理念下对教学行为的启示[J]. 广西教育学院学报，2008(2).

要落实不要执行

落实和执行，这两个词汇在工作中耳熟能详，通常被等同使用，尤其在上级布置工作，下级接受任务时。但细究，二者的含义差别其实很大。执行，通常是针对具体的指令、要求而言，如执行军事命令、行政命令、法律判决、裁决，更侧重于刚性，不折不扣，不得偏差、变通。落实，通常针对计划、政策、措施而言，更侧重于效果，不拘泥于实现效果的路径和方式。

学校是业务单位，育人的专业技术领域，与行政部门、纪律部队等有其不同之处。其一，工作对象不同，学校的工作对象是专业性较强的教师，是允许犯错误、可以被改变的学生；其二，工作关系不同，校长与老师不是简单的上下级关系（至少在我心目中不是），教师与学生之间更加不是，学生干部与学生之间尤其不能是；其三，工作性质不同，学校的教育工作更强调个性化和创造性，而不在于程式化；其四，工作特点不同，学校的教育工作需要饱含情感，要心与心相通，不强调铁面无私，不追求说一不二。

如果在学校里过分强调执行，就是不尊重教师的专业性，不正视学生的成长性，会僵化刻板化校长与教师，教师与学生之间的属性关系，扼制教师教育工作的创造愿望和能力，导致学校的管理工作、育人工作、教学工作如同生产流水线。久而久之，教师失去了激情，学生失去了活力，教师缺乏温情，学生缺少关爱。那样，我们的教育就成了可怕的驯化场。马戏团的动物看起来机灵可爱，憨态可掬，动作灵巧，甚效人类。但这都是驯兽师千百次的重复训练后，动物在饥饿的恐惧和食物诱惑下产生的条件反射和习惯性动作。这个过程中没有思维，没有情感，没有创造。这些动物看起来活力无限，实则毫无生机。我们可不想看到老师、学生成为这个样子，想一想都不寒而栗，这样的教育无异于杀人。其实，即便在军令如山倒的战场上，也有“将在外，君命有所不受”。这是古人对军令如山倒中BUG的智慧修复。

落实，则不同了。学校的管理和教学，最终都指向育人。为了实现良好的育人效果，不能千篇一律、千人一面，要因材施教，因人而异，因地制宜，适时而变。落实的路径可以不同，落实的方式可以不同，落实的时间和地点也可以不同。孙子曰：故兵无常势，水无常形。能因敌变化而取胜者，谓之神。这是落实的最高境界。

在三水中学，我旗帜鲜明地提出：要落实不要执行！从思想上不要有“执行”的刻板意识，甚至在语言表述和文字叙述上都不要出现“执行”这个字眼。当然更重要的是在行动上要真正落实而不是僵化执行。在一次质量分析会的资料上，看到一位班主任写的班级质量分析，有这样一段文字：一学期来，严格执行了学校和年级组的工作要求，班主任工作圆满完成。或许是这位班主任写质量分析报告不走心，顺笔写的套话。但也无意折射出其意识中对班主任工作认识的偏差。就此我“小题大做”地向全体老师做了剖析：严格执行学校和年级组的工作要求，班主任工作就圆满完成了吗？班主任工作，乃至每一位教师的教学工作都不是学校工作“生产线”上的一个工位，而是学校工作整体架构中相对独立的一个单元。在这个单元（领域）里，班主任、教师都是主体，而不是附属，都需要在兼顾整体工作的同时独立思考、谋划、统筹、开展自己的工作。这个过程中要创造不要复制，要鲜活不要程式。学校和年级组的工作要求可能会是大而统，但班级里每一个学生不相同，每一个班级也不相同，严格执行，就是无视学生的差异，无视学生个性化教育需求，这样的工作刻板单调，僵化粗线条，是不可能实现良好的教育效果的。如此说来，严格执行，充其量算合格，谈不上优秀，更遑论圆满！

在某一届高三复习备考过程中，我们发现老师们对待年级组统一部署的训练方案，推进得比较生硬。我们向全体高三教师发出了一份说明，其中有一段文字：

高考备考是一项复杂的系统工程，应统中有分，统分结合，以充分发挥年级统筹和单兵作战的双重效力。当前的选科分班模式，造成了同类型班级、同学科学生甚至同班学生差距拉大的客观事实。年级组将给予高三全体老师充分的信任：老师们可根据本班实际情况，决定本班某次测试是否进行以及以何种方式进行。老师们可以自行决定是测？是读？是练？也可决定是否使用和备课组相同的测试题。

这份说明，就是要明确地向老师们传递一个信息：要落实不要执行！要研判本班实际情况，自主决定测试方案，殊途同归，最终以实现良好的复习备考效果为目的。

要落实不要执行，释放的是老师们的自主权，激活的是老师们的主动性和创造性，同时也锻炼了老师们的单兵作战能力。这是学校发展的活力源泉和动力源泉。

附录

三水中学：“县中”崛起启示录

与社会发展大趋势几乎一致，“县中现象”作为一种教育现象，不可避免地出现在佛山市三水区三水中学的发展历程上。

由于经济社会发展的不平衡性，三水虽然是佛山市的一个区，但经济发展水平还是相对落后，由此优秀师资与生源的流失也一直是人尽皆知的痛点。比如优质生源的流失，2017年以前，每年三水区中考前100名，三水中学留下的学生人数不足20名，去区外高中就读的超过80人；优质生源大量外流，不止于高中，在“小升初”甚至“幼升小”就已开始。与之相伴的，是优秀师资的流失，那几年三水中学名师流失严重，特级、正高级教师一经获评，很快就流失至区外。

这导致了不利的社会影响，那就是三水区社会对三水中学、三水教育的信心严重不足，有条件的家长纷纷把孩子送到区外就读；这在一定程度上也影响了优秀人才引进和招商引资，不利于三水经济的发展。

如果不加以改变，长此以往，三水区的“县中问题”最终滑向“县中塌陷”亦未可知。

再也不能这样下去了！

第一部分　崛起

由于重视了“县中问题”并有针对性地加以应对，三水区没有发展到“县中塌陷”的地步。事情的转机始于2016年启动的三水区教育综合改革。尤其引人注目的是，经过几年的励精图治，三水中学获得了突飞猛进的发展，被佛山教育界誉为“三水中学现象”，一个突出表现是三水中学高考重本率由之前的两个“4”提升为2020年的两个“6”，即重本率由过去的40%左右，重本人数400多人，提升为62.3%，重本人数达到600多人；2021年依然保持了这一比例，这说明这一改革成绩不是昙花一现的惊喜。

在这些数字的背后，还有一个生源数字也值得关注，那就是更多的优秀学生主动选择在区域内的三水中学就读，优质生源留区人数由“28”变“82”，即以前有一段时间三水区中考前100名，三水中学仅留下20名左右，流失到区外80人左右，到了近几年数据实现翻转，中考前100名，80名左右留在三水中学，20名左右区外就读。与此同时，名师流失现象得到遏制。2020年，三水中学还首次成功引进特级教师、正高级教师共3名高层次人才，在教学一线担任高三级班主任、科组长与校学术委员会主任。

2020年，时任三水区委书记胡学骏说，从“28”变“82”非常难得，范自军担任校长以来，三水中学的教师精神风貌、办学业绩、社会口碑都发生了翻天覆地的变化，三水中学的崛起对带动三水教育发展有着极大的引领作用。

正如胡学骏所肯定的，这期间的显著变化，与范自军的到来密切相关。自范自军担任三水中学校长以来，学校面貌一新，以下事实可见一斑：

2018年，学校成为佛山市精品高中创建学校；同年年底，三水中学承办广东省首届中小学研学旅行论坛，范自军在会上做主题发言，三水中学被评为广东省中小学研学旅行教改实验联盟单位。

2019年，三水中学举办“教学开放日”活动，吸引了来自佛山、广州、珠海、湛江等14个地区的学校共600多人参加活动，盛况空前，反响热烈。

2020年，佛山市普通高中高三教学工作会议在三水中学举行，范自军受邀做主题发言，三水中学获评佛山市普通高中教学质量综合评价优秀奖。同年，城市三水高质量发展大会邀请范自军做主题发言。城市三水高质量发展大会是三水区招商引资的重要会议，首次邀请教育界代表参与并发言，足见三水中学作为区龙头学校的影响力：“县中”的龙头作用不仅能有效带动全区教育质量的提升，而且能为城市发展提供有力支撑和内在动力。

2021年，三水中学被佛山市三水区委、区政府授予先进集体称号。

第二部分 土壤

如果仅仅从表面上来看某些数字与成绩，有些人可能会发出疑问：这不就是高考升学率的提升而已吗？

还真不能这样简单化解读。为什么？高考升学率的提升要看其建构在什么样的土壤之上。是建立在单一应试之上，还是建立在全面发展之上？是建立在体力与精力的消耗战之上，还是建立在师生内生动力之上？这之间的差别堪称天上地下。“我们高考升学率的跨越式提升是建立在全面发展的土壤之上的。正是这一点，让我非常自豪。”范自军说。

在采访中，范自军一直强调土壤的重要性。是用单一应试的土壤来提升高考升学率，还是用全面发展的土壤耕作，让高考升学率自然而然生长出来？这一点，范自军体会很深。

在2020年佛山市普通高中高三教学工作会议上分享经验时，他就曾这样强调：“学校发展的质量就像农业的收成，依赖种子的品质、耕作的技术和土壤的肥沃程度；学校发展的关键因素是人，只有把教师放在第一位，把学生放在第一位，尊重他们的努力，正视他们的需求，为他们提供发展的平台，用真心换取真心，以用心带动用心，才能激发他们的热情和智慧，培育出师生幸福生长和学校高速发展的肥沃土壤。”

为了改良三水中学的教育土壤，范自军引领学校做了以下改革：

一是向管理要动力。

近年来，三水中学一改以往的“金字塔式层级管理”为“平面点状管理”，构建立体管理架构，校长室管“总”，年级组主“战”，处室主“建”，形成“目标建设+任务驱动+自主空间+科学评价”的推动模式。“我期望在平面点状结构中，校园里的每一个人都是一个点，每一个点都是一个小小的发动机，所有的发动机都在同频共振地轰鸣，这个学校就是一片沸腾状态，其创造力和主观能动性是惊人的。”范自军说。为此，学校还借鉴企业管理的“戴明环”（PDCA循环）原理，设计“计划—落实—反思—提升”的学校工作模式，全体师生在科学顺畅的机制里运行，减少了无效操作、繁杂环节的干扰，养成了集体奋斗的精神。

这其中，单单“级部制”革新这一点就让学校教师感触良多。在实地采访中，几乎所有教师都提到级部制改革带来的教师内在动力激发效应。“这是相信的力量。”语文科组长邱子然这样理解，级部制改革、不坐班管理，看似松散，其实由于注重结果激励与激发内生动力，“我花在备课上的时间比一味要求坐班的时候还多”。“跟过去一比较，我们很容易发现学校虽然没有要求老师坐班，但我们的工作积极性比原来更强了，对待工作的态度也更认真，而且快乐和幸福的感觉更强烈了。”英语教师韩洁珊也认可这一点。

二是用服务暖人心。

资源使用改革最根本的出发点在于让资源服务于一线教师、员工、学生，保障师生员工高效工作和学习，推进学校高质发展。在符合财政制度的原则下，范自军提出由资源控制向资源服务转变的理念，三水中学管理层尽其所能调配资源去满足全校师生员工的各种合理正当的、有利于个人和学校发展的需求，从而实现灵活又精准的资源服务。

近年来，三水中学资源服务持续优化。学校建设逐步提质升级，构建了以“健康”“书香”“智慧”“自选”“共美”为主题的“五美”校园；建设了完备、多元、智能兼具品位和功能的功能场室，优雅、温馨、智能的图书馆和书吧，风格清新的心理健康辅导中心，专业大气的传媒中心等；此外，热水系统、空调配备、5A饭堂、亲子餐厅、人脸识别系统等服务设施为学生静心学习提供了舒适、全面、智能化的生活保障。而这，无一不熔铸了范自军的心血。来到三水中学，范自军堪比社会活动家，四处为学校拓展资源，搭建平台，与省市区各级教科研部门、国内兄弟学校、三水中学校友会等广泛联动、深入合作。这为学校的发展提供了很好的外部支持。

三是以改革要效率。

立德树人是教育的根本任务，要落实好立德树人就必须牢牢把握住教育教学这一学校发展的核心基点。为此，学校通过“传统教学向智慧教学转变”“行为德育向品质德育转变”两大路径，激发师生由内而外生发成长的动力。

第一大路径，学校提出“自主·致用”的教学主张并推行系列改革，撬动传统教学转向智慧教学。“‘自主内生’是三水中学教学之内核，‘学以致用’是三水中学教学之目标。”范自军说。正是这种“自主内生”“学以致用”的主张，让学校教师深以为然。学校“自主·致用”教学改革的系列活动，包括成立学术委员会探索行政与学术相对独立的运行模式，组织“凤岗读书会”“教学沙龙”建设学习型团队，创设“项目化研究”竞争性资金分配激活教科研机制，拓展教科研路径，开展同课异构、名师示范课、青年教师展示课等系列赛课活动，加大校本研训力度，提炼学科本位的“自主·致用”教学模式。

第二大路径，学校通过打造“四礼五节”德育品牌，推动行为德育转向品质德育。四礼，即开学礼、升旗礼、成人礼、毕业礼。五节，即体艺节、拓展节、心育节、学科节、读书节。通过“四礼”活动，学生可以获得价值的体验，修习丰盈的内心，产生心灵的涤荡，培育精神的力量。有个2020年毕业的学生就曾在朋友圈里这样记录成人礼的感受：“谨慎自勤业，读书真读书。熟读复细思，无处肯模糊。将求古人心，立品与之俱。”通过“五节”活动，学生可以更好地在实践中开阔视野，展示特长，磨砺意志，涵养品质。在接受当地教育媒体采访时，高三（1）班学生黄诗琦曾这样评价学校礼节活动对自己的助力：“一方面学习肯定有提升，另一方面对我的人际交往有很大帮助，让我深度地体会生活，看到生活的细处。”

“‘四礼’庄重沉静，‘五节’活力动感。‘四礼五节’动静结合，知行合一，让学生在三水中学幸福生长。”范自军说，“这就是我们的素质追求。”而且，这种礼节活动，不仅有益于学生成长，也有益于教师发展。采访中，历史教师郑秋琴就谈到她在学科节上看到语文教师整本书阅读的做法，引发了她把整本书阅读引入历史课的尝试，效果还挺不错，毕竟“文史不分家嘛”。

第三部分　理念

作为三水区的龙头学校，三水中学的发展和崛起对提升三水市民的教育自信意义重大。所以，我们看到，当三水中学的发展相对于区域外学校几乎停滞不前乃至有所滑坡时，三水区域的学生外流相应增加，而当三水中学的质量得以提升时，学生外流也得以改善。这本质上就是“家长在用脚投票”，根源在于家长对区域内教育质量是否信任。也正因此，才有了三水区委区政府痛定思痛于2016年开启的教育综合改革。时任区委书记黄福洪说：“教育是城市三水的重要内涵，让三水的孩子能够接受到更优质的教育，为城市三水高质量发展提供更有力的人才支撑，让城市三水行稳致远。”三水区教育综合改革以“提质创优建高地”为目标，通过体制改革为教育松绑，创设更为灵活的教育机制；通过加大教育投入，改善办学条件，激活教师队伍；成立三水中学教育集团，扩大优质教育资源，增强办学活力，提高办学效益；通过从区外引入优秀人才担任三水中学校长，带动改革措施落地；引入外部教育资源、外地人才，做强三水优质教育，提升核心竞争力。

也正是在这样的背景下，2017年7月，三水区从佛山市南海区引进范自军担任三水中学校长。根据区教育局“提质创优建高地”的要求，在对校情准确分析的基础上，范自军没有选择高压严管的发展模式，而是认识到“在办学条件日趋标准化、均衡化的今天，学校发展的决定因素越来越依赖于人的精神力量，依赖于文化的力量”，为此，他致力于学校文化的构建，从而激发师生的内生力。

理念决定管理。有什么样的教育理念，就会有什么样的教育管理，就会生成什么样的教育土壤。

致力于构建学校文化的范自军，又引领学校提出了怎样足以激发学校发展的文化理念呢？“经过调研，我们学校提出‘让三水中学成为师生幸福生长的地方’的办学愿景、‘三水上善’的文化内核、‘凡事认真，追求卓越’的奋斗精神，唤醒师生内生力量，激发奋斗热情，追求具有高级感的幸福。”范自军说。

幸福生长，就要让师生能够幸福地工作、学习与生活。为此，学校要五育并举，师生于此浸润心灵，强健体魄，丰富见识，发展能力，自我觉醒，释放活力，收获精神与智慧的提升、进步和成长的喜悦。

幸福生长，修于上善。上善，是至善，是极致的完美、最好的状态。而水，则蕴含无尽。由此，三水中学提出“三水上善”的文化内核，并勒此石语陈于校门广场。

幸福生长，在于奋斗。“幸福都是奋斗出来的”，幸福不是满足现状、安逸闲适，幸福是怀抱希望，奋力拼搏，持续而坚定地向未来和梦想进发，实现个人发展与学校发展的完美统一。

55岁的地理教师颜石平接近退休了，这在很多人的心目中可能就代表“可以歇歇脚”了吧，但是颜石平依然有一种奋斗精神，他说：“范校长的到来让我激起了教研意识，现在是我的教学‘第二春’，我正在研究‘教与学’的程序问题。以前学生学不好，我们总以为是学生的问题，现在我研究这会不会是教师没有从学生的角度去理解问题。”

这其实就是三水中学“凡事认真，追求卓越”奋斗精神的体现。“凡事认真”，是全校师生更上一层楼、不懈进取的自我修炼，也是全校上下开拓创新、真抓实干的实践状态；“追求卓越”是全校师生敢于挑战、笃定超越的内驱动力，也是全校上下气势如虹、畅达饱满的奋斗追求。

或许正是这一点，让学校教师不自扬鞭自奋蹄。生物教师黄银春说：“对幸福生长的文化理念我很认同，这种理念能促使我们教师生发出教育内驱力。这样一种发自内心成长需求的自生力，才会源源不断。”

第四部分　激活

教育是一种责任，也是一桩良心活。

所以，需要从心底里激活教师的向上向善追求，并传导给学生，由此形成一种蓬勃发展的动力。

始自2018年的三水中学“项目化研究”竞争性资金分配项目，就很好地激活了师生的发展。而这，也是学校由资源控制转向资源服务后对教研与培训资源分配方式改革的显著成果。在该项目中，资金自上而下的分配路径调整为由下而上竞争性争取资金的方式，扩大了教师支配教科研经费的自主度，极大地调动了教师自主教研、自我提升的积极性，促使教师更加广泛检视教学中的问题情境，从更小切口探究能力提升路径，更精准地培养学生的综合素质和创新思维。

几年来，“项目化研究”营造了浓郁的研讨氛围，近170人参与竞争性答辩，约50个项目立项并结题，在思维训练、方法优化、提质赋能等方面取得了丰硕的可视化成果，高效反哺教学实践。对于学校以资源服务促进项目化研究的努力，主持着学校创客中心的物理科组长沈艳文感触极深：“只要是我们提出来的需求，学校都尽可能满足，创客中心如今极为现代化。”在学校的倾力支持下，他所带领的创客中心团队先后取得了创客大赛、创意机器人大赛、魔方机器人大赛、青少年科技创新大赛等省级一等奖或二等奖，尤其是自2018年参加广东省创意机器人大赛以来，五年三届都获得一等奖，其中，1次获得全省第一名，2次获得高中编程组第一名，1个作品被广东科学中心留用。

近几年，学校师生获誉良多。学校多学科教师在各类省市级教学能力大赛中获奖等级提升，人次猛增，获得 1 个全国一等奖，4 个省级一等奖，3 个省级二等奖，1 个省级三等奖，31个市级一等奖，获高等级奖项的人次在佛山市高中里首屈一指。学生6人获评宋庆龄奖学金，3人获评广东省优秀学生骨干、广东省优秀共青团员；14人在各类竞赛中获国家级一等奖，17人获国家级二等奖；还获得过广东省第七届中小学生艺术展演二等奖，佛山市第七届中小学生艺术展演2个特等奖、5个一等奖、1个银奖。

这样的教育崛起是深入民心的。“近几年，三水中学教师在超市购物、求医问诊等生活场景中，时不时会受到市民对学样发展变化和培养模式的认可赞赏，以及发自内心的感谢和尊重。这些都是学校发展所带来的舆论变化。”三水中学办公室副主任何叶这样说。

能够取得如此成绩，一般人往往会先入为主地认为学校的管理肯定非常严厉。在采访中，记者发现，三水中学的管理严格却不严厉，从某种意义上说，甚至有点“松”，比如不坐班。但这种“松”却通过学校的精神引领与管理革新达到了“外松内紧”、提升内生动力与教学效率的效果。

这与校长的管理理念密不可分。

“2017年，由于周边发达地区区域教育的显著提升，区内师资与生源的流失已开始显现，而且整个学校活力不足，竞争疲软，师生价值感不强，信心不足，缺乏自豪感。如何带领全体师生走出困境，焕发百年老校的活力，迎接新挑战？如何带领学校从优秀走向卓越？是摆在新任校长面前的重大课题。”范自军说。从南海来到三水中学，他不仅带来了新理念新愿景新追求，还通过立足教育规律的人性化改革与科学化评价激发了教师更强的使命感。他鼓励教师做一个幸福奋斗的教育者，并把幸福带给学生，带给家长，带给社会。

何叶说：“在每一次年终总结大会上，范校长的励志金句总是被教师在朋友圈中频频刷屏，成为新一年不成文的奋斗口号。2019年的‘不喊老，不叫穷，不卖惨’，2020年的‘不佛，不丧，不怼’，2021年的‘燃！做！飒！’，2022年的‘见好，连接，精进’，都让我们昂扬振奋。”

“校长面对面”“校长信箱”“全员导师制”“特色走班制”……学校面貌焕然一新。一个好校长，确实可以成就一所好学校。因为，一个好校长，能够激活一群好教师；一群好教师，又能激活一批好学生。这其中的传导力量不言而喻。

第五部分　意义

“县中”发展，发人深思。近年来，一些县域高中发展存在“生源和教师流失比较严重、基础条件相对薄弱、教育质量有待提高”等突出问题，有些地方甚至出现“县中塌陷”现象，引起了社会的普遍关注。2021年12月，教育部等九部门联合印发了《“十四五”县域普通高中发展提升行动计划》，强调要加大对“县中”的扶持力度，整体提升“县中”办学水平。

近年来，三水中学由发展平台期实现高质量的异军突起，或许可以给正处于热点中的“县中塌陷”现象一个可资借鉴的启示：“县中”的发展不仅需要物质的激励与技术的支撑，更需要精气神的涵养。而精气神的涵养又会透过教育理念引导制定切合实际的管理机制，从而激发师生的内生动力。这一点，就“县中”作为县域内的龙头学校地位与作用而言，更考验一个校长的教育治理能力与社会活动能力。

当然，这一切都需要全社会的正向面对与教育界的良性竞争。比如“县中”师资与学生的流失问题，还不仅仅是一校一区域的问题，而是一个社会治理问题。值得庆幸的是，这一点，已在《“十四五”县域普通高中发展提升行动计划》中得到重大关注。是时候通过相关政策措施让优质的教育资源反哺“县中”发展了，正如城市教育反哺乡村教育一样急切。

当然，这一切也需要区域治理者对学校教育发展的通盘考虑与体系化革新。近年来，三水区连续三任区委书记都极其重视区域教育改革发展。2022年4月6日，佛山市教育局与三水区人民政府签署共同推动区域基础教育优质均衡发展备忘录，南海区、三水区结对学校代表也签署了教育合作协议。三水区委书记、区长李军表示，三水教育系统要积极把握机遇、借势借力、乘势而上，积极对接市级优质教育资源、认真学习南海先进教育经验，把教育领域中的市区联动、区际协作各项工作落细落小落到实处，让师资力量更强、龙头学校更优、教育品牌更响，全面提升教育发展水平，不负三水人民的期盼。我们有理由相信，在三水区委区政府的引领下，以三水中学为龙头的三水教育一定会有更好的未来，也会对“县中”的发展带来更多的启迪。

《广东教育》记者黄日暖